인물로 보는 세계 역사
LIVE 세계사
12 영국
천재교육

글 **김정욱**

만화 잡지 연재를 시작으로 어린이들을 위한 글을 써 왔습니다.
지은 책으로 《로봇 세계에서 살아남기》, 《에너지 위기에서 살아남기》와
《who?》, 《그램그램 영문법 원정대》, 《설민석의 세계사 대모험》 시리즈 등이 있습니다.

만화 **툰쟁이**

유익하고 재미있는 학습 만화를 그리기 위해 노력하는 학습 만화 창작팀입니다.
대표작으로 《와이즈만 첨단 과학》, 《Who?》, 《셀파 탐험대(역사편)》 시리즈 등이 있습니다.
유튜브 만화 전문 채널 '투니카툰'으로도 활동하고 있습니다.

학습·감수 **김태규**

고려대학교 역사교육과에서 공부했습니다. 고등학교 교사로 재직하고 있으며,
재미있는 역사 수업을 위해 모인 '역사사랑'에서 활동하고 있습니다.
지은 책으로는 《생각하는 세계사, 서양 고대 편(공저)》, 《생각하는 세계사, 서양 중세 편(공저)》 등이 있습니다.

LIVE 세계사 ⑫ 영국

발행 | 2023년 6월 9일 초판 **인쇄** | 2023년 5월 31일 1쇄
발행처 | (주)천재교육
글 | 김정욱 **만화** | 툰쟁이 **삽화** | 김석 **학습·감수** | 김태규
편집 | 천재교육 만화사업팀 **북디자인** | Design Plus
사진 제공 | 셔터스톡, 위키피디아
신고번호 | 제2001-000018호(1980.5.28)
팩스 | 02-3282-1717
고객만족센터 | 1577-0902
주소 | 08513 서울특별시 금천구 가산로9길 54
홈페이지 | www.chunjae.co.kr

ISBN 979-11-259-7046-0 74900
ISBN 979-11-259-7034-7 74900 (세트)

인물로 보는 세계 역사

LIVE 세계사

⑫ 영국

영국의 역사 인물을 만나 보아요.

여러분은 '영국'이라고 하면 가장 먼저 무엇이 떠오르나요?

영국 프로 축구 리그에서 활약하는 한국인 선수를 떠올리기도 할 테고,

'해리 포터' 속 신비한 마법 세계를 가장 먼저 손꼽는 친구도 있을 것입니다.

음악에 조예가 깊은 사람이라면 '비틀스'의 명곡들부터 흥얼거리겠지요.

현대의 영국은 이렇게 문화 강국으로서 우리에게 친숙하지만,

세계사 전체에서 영국이 차지하는 존재감은 더 크고 강렬하답니다.

한때 '대영 제국'이라 불리며 모든 대륙에 걸쳐 식민지를 건설했으니까요.

이때 생겨난 '해가 지지 않는 나라'라는 수식은 너무나도 유명해서,

영국에 관심이 없더라도 누구나 한 번쯤은 들어 봤을 것입니다.

영국이 세계사에 끼친 가장 큰 영향 중 하나는 민주주의입니다.

민주주의가 시작된 나라는 그리스이지만,

의회 민주주의를 발전시켜 근대 민주주의를 꽃피운 나라는 영국이었어요.

다른 하나는 산업 혁명입니다. 인류가 농경 사회에서 산업 사회로 한걸음

나아가게 된 계기가 되었지요. 이를 바탕으로 자본주의가 탄생했고요.

그러나 빛이 있으면 그늘이 있는 법!

제국주의 시대, 오직 자국의 이익을 위해 식민지 약소국들을 괴롭힌 역사는

영원히 사라지지 않는 오점으로 남아 있을 것입니다.

자, 이제 본격적인 영국 역사 여행을 떠나 봅시다!

김태규
서울 장충고등학교 교사

현재 우리가 살아가는 지구에는 수많은 나라와 역사가 있어요. 그 역사 속 사람들을 알고 싶다면 《LIVE 세계사》를 읽어 보는 것은 어떨까요? 여러분이 꼭 알아 두면 좋을 인물을 중심으로 한 재미있는 만화를 읽을 수 있어요.

김현숙
서울 청운중학교 교사

《LIVE 세계사》는 세계 여러 나라의 역사를 중요 인물과 사건을 통해 살펴보고, 이와 관련된 주변 나라의 역사와 나아가 세계 역사 흐름을 살펴보려는 책입니다. 인물과 사건, 그리고 유적과 유물을 통해 세계는 연결되어 있고, 과거와 현재가 연결되어 있음을 알 수 있습니다.

왕홍식
서울 보성중학교 교사

여러분이 친구들과 많은 것을 함께 나누는 것처럼 세계 여러 나라 사람들도 이웃 나라, 심지어 지구 반대편 먼 나라 사람들과 만나 많은 것을 주고받았어요. 그 결과물이 세계사이지요. 《LIVE 세계사》는 곳곳에 우리나라 이야기도 들어 있어 편하게 만날 수 있을 거예요.

이강무
서울 인창중학교 교사

《LIVE 세계사》는 어린이 혼자 읽으면서도 쏙쏙 이해되는 세계사 책이에요. 역사적 인물을 통해 각 나라의 역사를 살펴보며 '세계사 공부가 이렇게 쉽고 재미난 것이구나!' 할 거예요. 세계 시민으로 살아가는 어린이들에게 더 넓은 세상으로 나아가는 길을 열어 줄 것입니다.

황은희
서울 창림초등학교 교사

이 책의 특징

1

여행 지도

해당 나라의 지도와
함께 수도, 언어, 기후,
국기 등 기본 정보를
알아봅니다.

2

만화와 정보 박스

세계 역사 속 주요 인물을
재밌는 스토리와 함께
만화로 만나 봅니다.
정보 박스를 통해
놓치기 쉬운 학습 정보를
보충합니다.

3

세계사 들여다보기
세계사 넓게 보기
세계사 깊게 보기

해당 나라에 관련된
정보를 읽고,
그 시기에 주변 나라와
우리나라는 어떤 일이
있었는지 살펴봅니다.

엘리자베스 1세 (1533년~1603년)

아버지 헨리 8세와 어머니 앤 불린 사이에서 태어난 엘리자베스
1세는 '피의 메리'라 불리던 언니인 메리 여왕이 갑자기 세상을
떠나면서 스물다섯 살의 나이로 왕위에 올랐어요. 당시 대서양을
지배하며 세계 최강으로 군림하던 스페인의 펠리페 2세로부터
청혼을 받았지만 "나는 영국과 결혼했다!"라는 말로 거절한 것으로
유명하지요. 그녀는 드레이크를 지원해 스페인이 독차지한 대서양
무역을 견제했어요. 스페인의 무적함대를 격파하고 영국이
대서양의 중심 국가로 떠오르는 기초를 마련했지요.

*수용 어떠
*불사조 영원히 죽

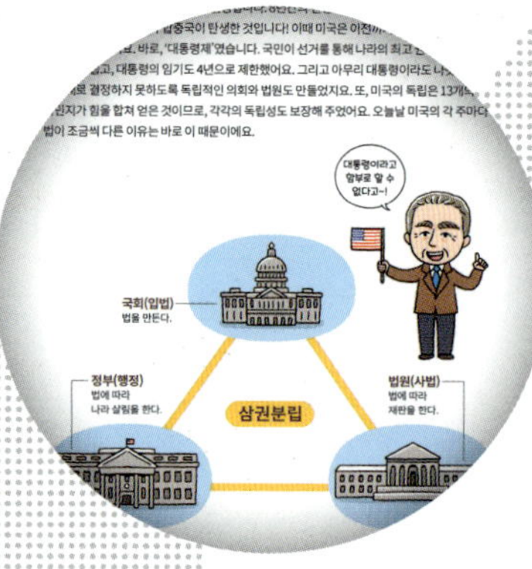

4

놀이 퀴즈

미로 찾기, 가로세로
낱말 퀴즈, 사다리 타기 등
재밌는 퍼즐을 이용해
학습한 내용을
확인해 봅니다.

5

문제 퀴즈

세계사와 관련된 다양한
유형의 문제를 풀면서
학습한 내용을 점검하고
교과를 비롯한 여러 가지
시험에 대비합니다.

6　End

연표

인물과 사건을 중심으로
역사의 흐름을 이해하고
같은 시기에 우리나라와
다른 나라에서 일어난
사건과 비교해 봅니다.

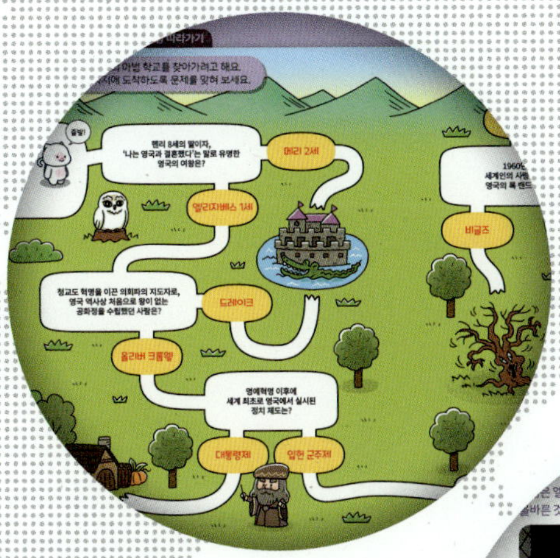

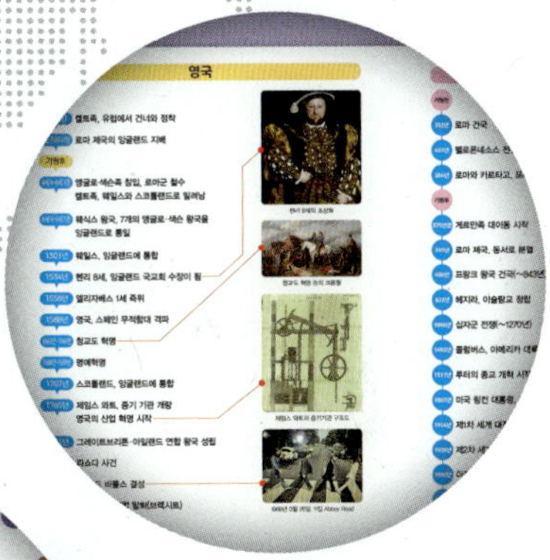

수도

런던은 영국의 정치·경제·문화·교통의 중심지이자 전 세계 영국 연방 국가들에 큰 영향을 끼치는 세계 최대 도시예요.

언어

잉글랜드에서 기원한 언어인 영어를 사용해요.
오늘날 미국, 캐나다, 오스트레일리아 등 많은 나라들이 영어를 사용하는 것은 모두 영국의 영향이지요.

지리

유럽 대륙 북서쪽 북대서양과 북해 사이에 위치한 섬나라예요.
잉글랜드, 스코틀랜드, 웨일스로 이루어진 그레이트브리튼 섬과 아일랜드 섬의 북부 지역으로 이루어져 있어요.

기후

여름에는 선선하고 겨울에는 비교적 따뜻해요. 그러나 하루에도 몇 번씩 비가 내리는 등 흐린 날이 많지요.

화폐

영국에서는 '파운드'라는 화폐 단위를 사용하고 있어요.
5파운드부터 지폐이고, 그 아래로는 동전으로 되어 있어요.

종교

인구의 60% 정도가 기독교를 믿으며 특히 잉글랜드는 성공회를 공식적인 종교로 인정해요.
하지만 종교를 믿지 않는 사람들의 비중도 높아요.

산업

석유 화학, IT, 자원 에너지, 생명 공학, 항공 우주, 방위 산업 등 다양한 분야의 산업이 골고루 발달했어요.
특히 국제 금융의 중심지로, 금융 산업이 매우 발달했지요.

세계 유산

스톤헨지와 에이브베리 거석 유적, 고램 동굴군 등
선사 유적부터 영국 왕실의 역사가 담긴 웨스트민스터 사원,
세계 시간의 기준점이 되는 그리니치 천문대 등이 유명해요.

국기

'유니언 잭'이라고 불리는 영국의 국기는 연합 왕국을 이루는 잉글랜드, 스코틀랜드, 아일랜드의 기를 합쳐서 만들었어요.

북해
북대서양
인버네스
글래스고 에든버러
벨파스트
북아일랜드
켈트해
리버풀
맨체스터
잉글랜드
케임브리지
웨일스
옥스퍼드
런던
옥스퍼드 대학
영국 해협

솔이

이상한 나라의 음악가.
악기를 잘 다루고
감수성이 섬세해요.

해리

이상한 나라의 정원사.
격투기에 뛰어나며,
힘이 아주 세요.

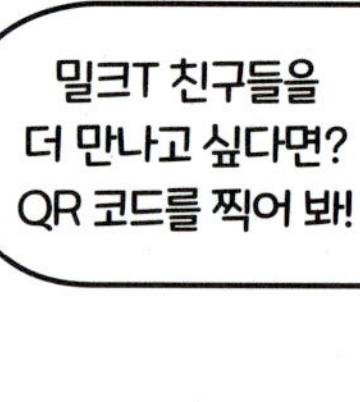

냥이

상상력이 풍부하고
자기만의 세계가 확실한
엔터테이너예요.

하트 공주

이상한 나라
하트 여왕의 외동딸.
자기만의 왕국을
세우려고 해요.

가로

하트 공주의 부하.
충성심으로 가득하지만
엉뚱한 행동으로 일을
그르치기도 해요.

세로

하트 공주의 부하.
공주의 말이라면 무조건
따르며, 눈치가 빨라
행동도 빨라요.

엘리자베스 1세

16세기 영국의 여왕.
대영 제국의 기틀을
마련했어요.

크롬웰

17세기 영국의 정치가.
청교도 혁명을 승리로
이끌었어요.

제임스 와트

18세기의 기계 공학자.
증기 기관으로
산업 혁명을 일으켰어요.

세실 로즈

19세기 제국주의 때의 정치가.
아프리카에 영국의 식민지를
건설하는 데 앞장섰어요.

비틀스

영국의 4인조 록 밴드.
대중적인 음악으로
세계인의 사랑을 받았어요.

차례

이상한 나라 안내서
여기는 이상한 나라.
세상의 지식과 상상이 모여 만들어진 마법의 나라예요.
하트성
레스토랑
도서관
정원
음악관
인간, 동물, 요정, 마법사, 책 속의 인물 등 다양한 이들이 살고 있지요.

이상한 나라에서 가장 중요한 곳은 도서관이에요. 인간 세계와의 균형을 보여 주는 절대시계가 있거든요. 인간 세계가 흔들리면 여기도 무사하지 못해요.

도서관에 인간 세계로 넘어가는 시간의 문이 있다는 건 안 비밀!

껄
껄

이상한 나라는 항상 평화로워요. 가끔 하트성에 사는 공주가 말썽을 일으킬 때 빼고는요.

엄마, 미워!

너 사춘기니?

오늘은 어떤 하루가 시작될까요?

덜
덜
덜

프롤로그

영국으로 간 하트 공주

여… 여기서
뭐 하는 거야?
공주님이야말로
뭐 하시는 거예요?
도서관은
이미 문을
닫았어요!

설마 그 책…
도서관에서
훔치신 거예요?
깜
짝

내 이럴 줄
알았어!
이리 내놔요!
건방지게
감히 어딜!
우
당
탕

*목차 목록이나 제목, 조항 따위의 차례.
*생존 연도 살아 있던 해.

하필 오늘 같은 날 이런 일이 생기다니!
그러게요, 하필 생신날….
저희가 뭐든 도울게요.
저도요!
훌쩍
힉

뭐든? 정말?
관장님이 무슨 말씀하실지 나만 예상돼?
아니, 나도.
쫑긋

자, 마법 회중시계와 마법 안경!
툭

잘 다녀오렴. 행운을 빈다!
분명 재미있는 모험이 될 거야!
걱정 마세요!
으아아~ 이렇게 또 시작되는구나.
슈
슝
슈

황금 시대를 연 여왕

여왕한테
*접근할 방법이
이것뿐이었잖아요.
조금만
참으세요,
공주님.

확실하지?
아니면
혼날 줄 알아!
그, 그럼요.
목차밖에 없어서
잘 모른다고는
말 못하겠어.

에헴!
벌
컥

컥!
휙

*접근 가까이 다가감.

***수다** 쓸데없이 말수가 많음. 또는 그런 말.

혹시 저분이 엘리자베스 여왕님이신가요?
뭐?
깜짝
아니, 얘가 무슨 소리를! 저분은 피의 여왕이라고 불렸던 메리 1세 여왕이셔.

어휴, 내가 이걸 참어, 말어?
아무리 시골에서 와도 그렇지 여왕님 얼굴도 모르다니….

돌아가신 분에 대해서 이러쿵저러쿵 말하긴 뭐하지만….
킁킁

*즉위 임금이 될 사람이 예식을 치른 뒤 임금의 자리에 오름.
*반발 어떤 상태나 행동 따위에 대하여 거스르고 반항함.

***매사**(24쪽) 하나하나의 일마다.
***눈치** 남의 마음을 그때그때 상황으로 미루어 알아내는 것.

엘리자베스 1세 (1533년~1603년)

아버지 헨리 8세와 어머니 앤 불린 사이에서 태어난 엘리자베스 1세는 '피의 메리'라 불리던 언니인 메리 여왕이 갑자기 세상을 떠나면서 스물다섯 살의 나이로 왕위에 올랐어요. 당시 대서양을 지배하며 세계 최강으로 군림하던 스페인의 펠리페 2세로부터 청혼을 받았지만 "나는 영국과 결혼했다!"는 말로 거절한 것으로 유명하지요. 그녀는 드레이크를 지원해 스페인이 독차지한 대서양 무역을 견제했어요. 스페인의 무적함대를 격파하고 영국이 대서양의 중심 국가로 떠오르는 기초를 마련했지요.

＊**수용** 어떠한 것을 받아들임.
＊**불사조** 영원히 죽지 않는다는 전설의 새.

*영원불멸(26쪽) 영원히 없어지지 아니하고 계속됨.
*독신(26쪽) 배우자가 없는 사람.

***낙** 고통이 없이 편안히 지내는 즐거움.

얼른 밖에 나가서 찾아봐!
네!
척

여기에 있나?
기웃

아님 여기?
기웃

대체 어디에 있는 거지?
좋은 기회를 날려 버렸잖아!
나도 모르지.

*플리머스(31쪽) 영국 잉글랜드 서남쪽에 있는 항구 도시.

＊**드레이크** 엘리자베스 1세 시대에 활동한 영국의 항해가이자 전설적인 해적.
＊**청혼** 결혼하기를 청함.

***걸리적거리다** 거추장스럽거나 성가시어 자꾸 거슬리거나 방해가 됨.

쳇!
자기가 밀쳐 놓고
퉁명스럽긴….
괜찮니?
투덜
투덜

내일이
드레이크 님의
배가 *출항하는
날이라 다들
예민한 상태야.

드레이크요?
설마 드레이크 님을
모르는 건 아니겠지?
잉글랜드의 영웅을
말이다.

그렇게
유명한
분이에요?
드레이크 님에
대해 더 알려
주실 수 있나요?
그러자꾸나.
마침 잠깐 쉬려고
했으니….
툭

***출항** 배가 항구를 떠나감.

***수모** 모욕을 받음.
***기습** 적이 생각지 않았던 때에, 갑자기 들이쳐 공격함. 또는 그런 공격.

＊**약탈(34쪽)** 폭력을 써서 남의 것을 억지로 빼앗음.
＊**해적(34쪽)** 배를 타고 다니면서, 다른 배나 해안 지방을 습격하여 재물을 빼앗는 강도.

***소란** 시끄럽고 어수선함.

***선원** 배의 승무원.

너희가 데려온 고양이니?
냥~
번쩍

냥이는 보통 고양이가 아니라…
네, 맞아요. 저희가 키우는 고양이에요.
우웁

배에 쥐가 많아서 고양이가 필요한데….
쓰담 쓰담
그럼 저희도 데려가 주세요!

좋다. *승선을 허락하마!
정말요? 야호!
기분 나쁘지만, 임무가 중요하니까….
끄응

*승선 배를 탐.

38

*절대 왕정 군주가 어떠한 법률이나 기관에도 구속받지 않는 절대적 권한을 가지는 정치 체제.
*황금기 절정에 올라 가장 좋은 시기.

*영광 빛나고 아름다운 영예.
*본론 말이나 글에서 주장이 있는 부분.

***수단** 어떤 목적을 이루기 위한 방법. 또는 그 도구.
***무적** 매우 강하여 겨룰 만한 맞수가 없음. 또는 그런 사람.

*오스만 제국 1299년에 오스만 1세가 셀주크 제국을 무너뜨리고 소아시아에 세운 이슬람 제국.
*레판토 해전 1571년에 그리스의 레판토 앞바다에서 기독교 연합 함대가 오스만 함대와 벌인 싸움.

***아랑곳하다**(43쪽) 일에 나서서 참견하거나 관심을 둠.
***분부**(43쪽) 윗사람이 아랫사람에게 명령이나 지시를 내림. 또는 그 명령이나 지시.

부욱

나는 영국 해군을
세계 최강의 군대로 만들 것이오.
영국과 결혼한 나 자신을 걸고
약속하지!
화
르륵

와아 와아
스페인 따위
*아랑곳하지 말고
세상 끝까지 나아가시오.
영국을 위한 바닷길을
개척하시오!
*분부를
받들겠나이다.
와아~
엘리자베스
여왕 만세!
드레이크 만세!
스페인 따위
하나도
안 무섭다!

***아이디어** 어떤 일에 대한 참신한 생각이나 착상.

*물러나다 있던 자리에서 뒷걸음으로 피하여 몸을 옮김.

데구르르
치이익
쉬아아아아
이게 뭐지? 앞이 안 보여.
으아~ 눈, 코, 입이 엄청 맵고 따가워!
콜록
콜록
휘적
휘적
지금 그게 중요한 게 아냐! 하트 공주부터 막아야지!

후후…
반가워, 엘리자베스 여왕!
흠칫

46

***무엄하다** 삼가거나 어려워함이 없이 아주 무례함.

늘 말하지만,
난 인간 세상 따윈
어떻게 되든
관심 없어.

난 살아도 죽어도
영국과 함께할 것이다!
그곳이 어디든
날 데려갈 순 없어!
발끈
깜짝

그렇게 소리쳐 봐야
소용없어. 이제 네 나라는
영국이 아니라 하트니까!
파
지
직
샤
익

감히 여왕님을
위협하다니,
무엄하구나!
으앗,
내 마법 카드!
샤
샥
마녀인가?
물러서라,
당장!
뭐?
마녀?
고…
공주님!

일단 피하는 게
좋겠어요.
지금은
우리가 너무
*불리합니다.
크
윽
으윽…
도서관 녀석들이
방해만 하지
않았어도….

*활약(51쪽) 활발히 활동함.

드레이크, 영국이 스페인을 제치고 해양 최강국이 되도록 도와주겠나?
……

여왕님의 뜻을 받들어 최선을 다하겠습니다!
씨익

냥이야, 드레이크가 세계 일주에 성공해?
난 그럴 줄 알았어!
응! 게다가 영국은 드레이크의 *활약에 힘입어 1588년에 스페인의 무적함대를 물리쳐.
탁
탁
탁

스페인 무적함대를 격파한 잉글랜드

1558년, 엘리자베스 1세가 잉글랜드의 새 왕이 되었어요. 엘리자베스 1세는 바다 건너 나라들과
무역을 원했으나 스페인이 걸림돌이었어요. 강력한 '무적함대'를 앞세운 스페인은 이미
아메리카 대륙을 식민지로 삼고 있는 해양 강국이었거든요. 그러나 엘리자베스 1세는 스페인의
눈치 보지 않고 잉글랜드의 발전에만 집중하기로 했어요. 그렇게 시간이 갈수록 두 나라는 종교,
경제 등 여러 문제로 갈등을 빚게 되었고 결국 1588년, 스페인은 잉글랜드에 전쟁을 선포해요.
강력한 무적함대가 있으니 자신만만했지요. 하지만 전쟁의 결과는 잉글랜드의 승리였습니다.
무적함대보다 멀리까지 발사할 수 있는 대포로 무장하고, 작고 빠른 배를 이용해 치고 빠지는
전략이 통했던 것입니다. 이후 대서양의 새로운 지배자가 된 잉글랜드는 점점 번영했고,
스페인은 쇠퇴하게 되었어요.

칼레 해전

1588년, 칼레 앞바다에서 영국과 스페인이 벌인 해전.
영국은 당시 함대 사령관이었던 드레이크의 활약으로 승리를 거두었다.

퀴즈 무적함대와의 대결에서 승리한 여왕은?
① 엘리자베스 1세 ② 메리 2세

산업 혁명을 이끈 면직물 공업

영국은 예로부터 '모직물'이 유명했어요. 모직물은 양과 같은 동물의 털로 만든 옷감을 말하지요.
16세기 무렵에는 모직물을 원하는 사람이 부쩍 많아져서, 농장에서는 농부들을 모두 내쫓고 대신
양을 키우는 일까지 벌어졌답니다. 그러다 18세기부터는 목화에서 뽑은 실로 짠 옷감인 '면직물'이
인기를 끌었어요. 면직물을 원하는 사람들이 많아지자 더 손쉽고 빠르게, 짧은 시간에 많은 양의
면직물을 만들어 내기 위한 기계가 발명되었어요. 바로, 증기 기관을 이용한 '방직기'였지요.
사람들은 도시에 공장을 세우고 대량으로 면직물을 만들어 내기 시작했어요. 농장에서 쫓겨난
사람들은 이제 공장에서 면직물을 만드는 노동자가 되었답니다. 영국은 자연스럽게 산업 사회로
바뀌게 되었고요. 영국의 면직물 공업에서 시작된 산업 혁명은 점차 유럽 전체와 미국, 아시아로
퍼져 나갑니다.

산업 혁명 시기의 직조 공장의 모습

퀴즈 목화에서 뽑은 실로 짠 옷감은?
　① 모직물　② 면직물

미국의 뿌리, 영국

미국에 '버지니아주'라는 지역이 있어요. '버지니아'란, '결혼하지 않은 여자의 땅'이라는
뜻이지요. 평생 결혼하지 않고 나랏일에만 몰두한 잉글랜드의 엘리자베스 1세 여왕을 가리키는
것이랍니다. 그리고 미국에는 '제임스타운'이라는 이름의 도시들도 여럿 있어요. '제임스'는
엘리자베스 1세의 뒤를 이어 잉글랜드의 왕이 된 제임스 1세의 이름이에요. 그런데 참
이상하지요? 왜 미국 도시에 영국 왕들의 이름을 붙인 걸까요? 그 이유는 간단해요. 미국의 뿌리가
바로 영국이기 때문입니다. 엘리자베스 1세와 제임스 1세 당시 아메리카 대륙에 이주하여 정착한
영국인들이 새로운 터전에 자기들 국왕의 이름을 붙였던 거예요. 미국이 영국처럼 영어를
사용하는 이유도 마찬가지입니다.

제임스타운에 상륙하는 영국인들

바다의 왕자, 장보고

강력한 스페인 무적함대와 이들을 무너뜨린 영국 함대처럼 우리나라에도 강력한 해군력으로
바다를 장악했던 사람이 있어요. 바로 9세기 신라에서 활약한 장보고입니다. 당시에는
당나라와 신라, 일본 사이에 국제 무역과 교류가 활발하게 이루어지고 있었어요. 장보고도
원래 신라인이지만, 당나라로 건너가 군인으로 승승장구하고 있었지요. 그러다 해적들 때문에
신라인들이 고통받는 모습을 보고 신라로 돌아왔어요. 완도에 무역 기지이자 해군 기지인
청해진을 설치하고 이곳에 들끓던 해적들을 모조리 제압했어요. 서해와 남해를 장악한 장보고는
신라와 일본, 당나라를 연결하는 바닷길의 안전을 확보해서 큰 이익도 남겼답니다.

퀴즈 청해진을 설치하고 해적을 소탕한 신라 장군은?
① 장보고   ② 계백

공화정을 수립한 크롬웰

***구인 광고** 일할 사람을 구한다는 것을 널리 알리는 표현물.
***외지**(57쪽) 나라 밖의 땅.

***내전** 한 나라 안에서 일어나는 싸움.
***기병대** 말을 타고 싸우는 병사들로 편성한 부대.

*아우르다 여럿을 모아 한 덩어리나 한 판이 되게 함.

***왕권신수설** 왕의 권리는 신에게서 받은 것이므로 인민이나 의회에 의하여 제한되지 않는다는 설.
***청교도** 16세기 영국에서 등장한 개신교의 한 교파로, 엄격하고 검소한 생활을 함.

***소집** 단체나 조직체의 구성원을 불러서 모음.
***반란** 정부나 지도자 따위에 반대하여 내란을 일으킴.

***탄압** 권력이나 무력 따위로 억지로 눌러 꼼짝 못 하게 함.
***강제하다** 권력이나 위력으로 남의 자유의사를 억눌러 원하지 않는 일을 억지로 시킴.

올리버 크롬웰 (1599년~1658년)

올리버 크롬웰은 청교도 혁명 당시 국왕 찰스 1세에 저항하는 의회파를 이끌었던 군인이자 정치가였어요. 찰스 1세는 '왕의 권한은 신이 내려 주었다'며 마음대로 세금을 올리려 했어요. 이에 의회가 저항하자 의회를 탄압하면서 내전이 벌어졌는데, 이를 '청교도 혁명'이라 하지요. 전쟁 초기에는 훈련받은 왕당파의 군대가 우세했지만, 크롬웰이 철기대를 조직해 전쟁을 승리로 이끌어요. 이후 의회파의 중심인물이 된 크롬웰은 왕이 없는 공화제 정부를 만들고, 최고 지도자인 호국경의 자리에 오르지요.

*우세 상대편보다 힘이나 세력이 강함. 또는 그 힘이나 세력.
*전세 전쟁, 경기 따위의 형세나 형편.

***역전(62쪽)** 형세가 뒤집힘. 또는 형세를 뒤집음.
***규율** 질서나 제도를 유지하기 위해 정하여 놓은, 행동의 준칙이 되는 본보기.

***손아귀** 세력이 미치는 범위.
***인연(65쪽)** 사람들 사이에 맺어지는 관계.

여러 가지 말씀해
주셔서 감사해요.
별말을.
잘 가거라.
꾸벅

이건
내가 가져도
되겠지?
그럼요!
WANTED
모 집
조건 : 00세 이상
성별 : 남
: 흉기 사용

몸조심하거라.
*인연이 되면
또 보자꾸나.
네,
안녕히 가세요.
한편

*막사 군인들이 주둔할 수 있도록 만든 건물 또는 가건물.
*보초 부대의 경계선이나 각종 출입문에서 경계와 감시의 임무를 맡은 병사.

*네이즈비 전투 청교도 혁명 중인 1645년에, 중부 잉글랜드의 네이즈비에서 의회군이 국왕군에게 결정적인 승리를 거둔 싸움.

***간절하다** 마음속에서 우러나와 바라는 정도가 매우 절실함.

*용무 해야 할 일.
*묘안 뛰어나게 좋은 생각.

***작전** 어떤 일을 이루기 위하여 필요한 조치나 방법을 강구하거나 실행함. 또는 그런 조치나 방법.

어라?
들어오라더니
왜 아무도
없는 거야?

그래, 크롬웰을
잡겠다고?
그… 그래!

두
둥
어디 한번 들어 볼까?
나를 어떻게 잡을 건지
말이야.

뭐… 뭐야?
네가 크롬웰이라고?
찰스 1세가 아니고?
가로야,
뭔가 잘못된 것
같지?
응,
확실히!
혁

*진영 군대가 진을 치고 있는 곳.

***첩자** 한 국가나 단체의 상황을 몰래 알아내어 경쟁 관계에 있는 국가나 단체에 제공하는 사람.
***꾀어내다** 꾀를 쓰거나 유혹하여 있던 곳에서 어느 곳으로 나오게 함.

*신성하다 함부로 가까이할 수 없을 만큼 고결하고 거룩함.
*반기 반대의 뜻을 나타내는 행동이나 표시.

＊**신흥(74쪽)** 어떤 사회적 사실이나 현상이 새로 일어남.
＊**자영농(74쪽)** 자신의 소유인 땅에서 농사를 짓고 직접 경영하는 농민.

*참여 어떤 일에 끼어들어 관계함.
*공화정 국민이 선출한 대표자 또는 대표 기관의 의사에 따라 주권이 행사되는 정치.

이상하네.
찰스 1세 쪽도 아니고
크롬웰 쪽도
아니면….

하트 공주님은
도대체 누굴
노리는 거지?

전혀.
군인들뿐이야.

쫑긋
부스럭

누구냐옹?

어라,
너희는!

휙

앗! 전에
길에서 만났던
분들이죠?

그래! 기억하는구나.
그런데 여긴 무슨 일이냐?
혹시….

꾸벅

오… 오해 마세요!
저흰 하트 공주님을
찾느라….

하트 공주?
그 감옥에 갇힌
여자아이?

하…
하트 공주님이
감옥에?

어쩌다가요?

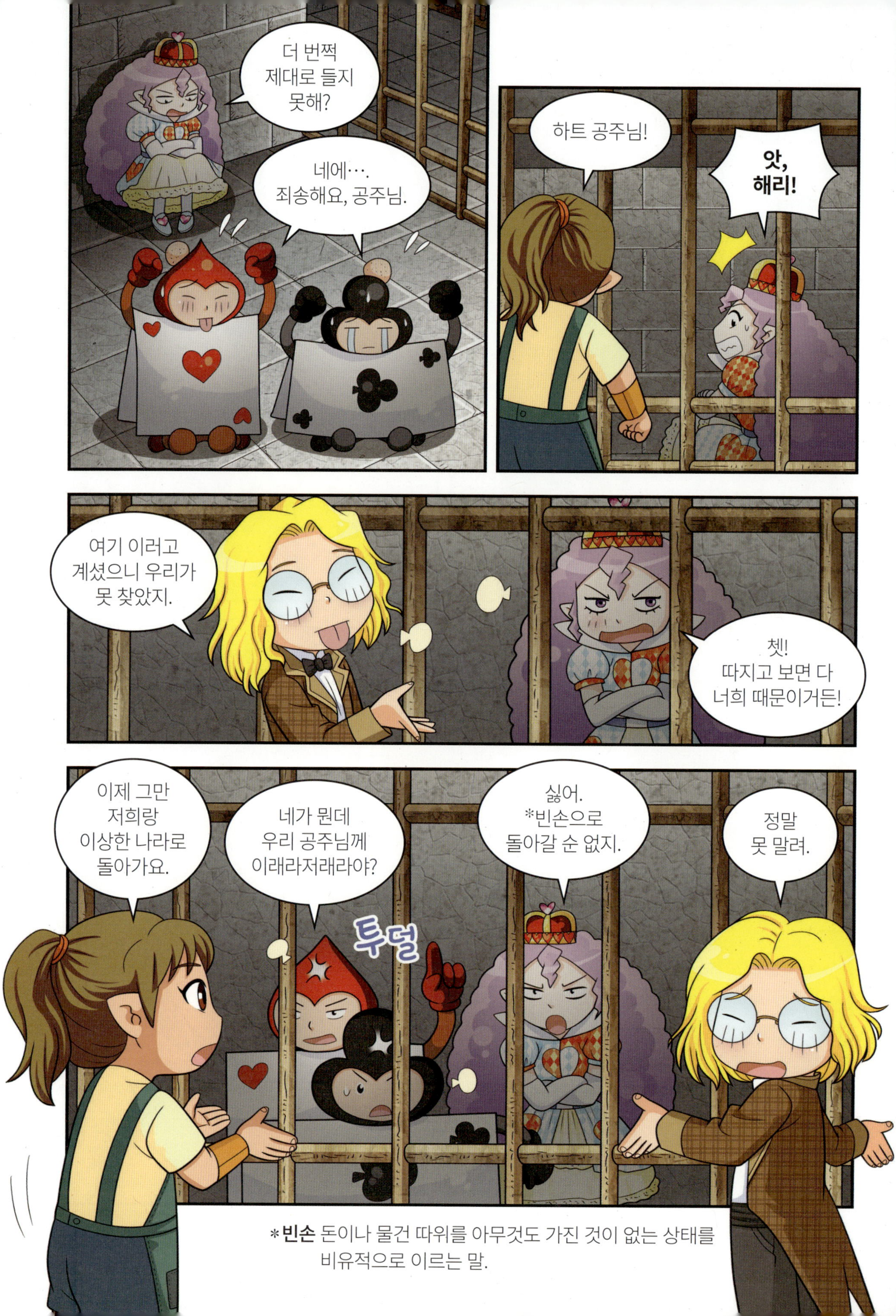

*빈손 돈이나 물건 따위를 아무것도 가진 것이 없는 상태를
비유적으로 이르는 말.

*처형 사형에 처함.
*공화국 공화 정치를 하는 나라. 주권이 국민에게 있는 나라를 뜻함.

*호국경 1653년~1659년에 존재한 영국 혁명 정권의 최고 행정관.
*독재 정치 민주적인 절차를 부정하고 통치자의 독단으로 행하는 정치.

***전제 정치** 지배자가 국가 권력을 장악해 법률에 제약받지 않고 실시하는 정치.
***인지상정** 사람이면 누구나 가지는 보통의 마음.

＊**추대** 윗사람으로 떠받듦.
＊**제정** 제도나 법률 따위를 만들어서 정함.

* **상비군(82쪽)** 국가 비상사태에 항상 대비할 수 있도록 편성된 군대. 또는 그런 군인.

크아아앙
이를 어쩌나?
이번엔 따라오기가
힘들겠는걸?
안됐다!

공주님, 멈춰요!
아니, 가실 거면
저희도
데려가요!
시간의 문이
감옥 안에서 열려서
쫓아갈 수도 없어.
어쩌지?

내가
도와주마!
앗,
아저씨!

사실
너희 얘길
다 듣고 있었다!
철컹

모두 이해하진 못했지만 지금은 너흴 도와주는 게 맞는 것 같구나.
고맙습니다.
아무에게도 말씀하시면 안 돼요!

하트 공주님은 이번엔 또 어디로 갔을까?
일단 쫓아가 보자!
크
아
앙
탁
탁
서둘러!
탁

청교도의 역사

그리스도교는 예수 그리스도를 믿고 따르는 종교예요. 원래는 하나의 교회였는데, 11세기에 동방 정교회와 로마 가톨릭교로 분리되었어요. 16세기에는 종교 개혁으로 로마 가톨릭교에서 개신교가 분리되었습니다. 개신교는 '그리스도교의 새로운 교회'라는 뜻으로 '신교'라고도 부르는데, 특히 영국에서 발달한 개신교를 '청교도'라고 불러요. 청교도는 주로 '젠트리'라고 불리던 시민들이 많이 믿었답니다. 젠트리는 경제적으로 성공한 시민들을 가리키는 말인데, 의회로 진출할 만큼 세력이 컸어요. 그러나 국왕 찰스 1세는 왕권신수설을 바탕으로 의회를 무시했고, 많은 세금을 내라고까지 요구했어요. 게다가 국교회를 강요하며 청교도를 탄압했지요. 이에 청교도였던 크롬웰이 의회파를 이끌고 혁명을 일으켰던 것입니다.

한편, 청교도 혁명 이전에 종교적 탄압을 피해 이주한 사람들이 있었어요. 1620년에 종교의 자유를 찾아 메이플라워호를 타고 아메리카 신대륙으로 건너간 102명의 청교도들이 그들입니다. '필그림 파더스'라고 부르는 이들은 미국 건국의 시초가 되었지요.

입헌 군주제란?

오늘날 대부분 나라는 국민이 자신들의 대표를 뽑는 '공화제'를 기본적인 정치 제도로 채택해요. 우리나라도 선거로 대통령을 뽑는 공화제 국가이지요. 공화제의 반대는 '군주제'인데, 옛날처럼 왕이 나라를 다스리는 것을 말합니다. 군주제 국가에서는 왕이 죽으면 그 자식이 다음 왕이 되고, 또 그 후손이 새로운 왕이 되지요. 즉, 모든 권력이 그대로 자식에게 대대손손 전해지는 것입니다. 그런데 군주제와 공화제를 섞어 놓은 정치 제도도 있어요. 이것을 바로 '입헌 군주제'라고 합니다. 군주제처럼 왕이 있지만 동시에 국민의 대표 기관인 의회도 존재하는 거예요. 입헌 군주제에서 왕은 여전히 자식에게 왕위를 물려주지만, 옛날과 다른 점은 왕의 '권력'이에요. 왕의 권력은 의회가 만든 법에 따라 제한되어 있어요. 쉽게 말해 왕은 존재하지만, 법으로 정해 놓은 권력만 누릴 수 있는 것이지요. 영국은 오늘날까지 존재하는 몇 안 되는 입헌 군주제 국가랍니다.

군주제

군주가 국가 통치에 관해
무제한의 권한을 가진 정치 체제

입헌 군주제

군주의 통치 권한이
헌법에 의해 제한되는 정치 체제

퀴즈 왕과 의회가 동시에 존재하는 정치 체제는?
① 입헌 군주제　②공화제

미합중국과 새 정치 제도의 탄생

아메리카 대륙에 새로 세워진 나라인 미국도 처음에는 영국에 속한 식민지로서 지배를 받았어요. 이에 북아메리카에 있던 열세 개 식민지는 영국으로부터 독립하기 위해 1775년에 전쟁을 일으켰지요. 이것이 바로 미국 독립 전쟁입니다. 8년간의 전쟁 끝에 1783년, 미국은 비로소 독립을 얻지요. 아메리카 합중국이 탄생한 것입니다. 이때 미국은 이전까지 없던 새로운 정치 제도를 만들었어요. 바로, '대통령제'였습니다. 국민이 선거를 통해 나라의 최고 권력자인 대통령을 뽑고, 대통령의 임기도 4년으로 제한했어요. 그리고 아무리 대통령이라도 나랏일을 마음대로 결정하지 못하도록 독립적인 의회와 법원도 만들었지요. 또, 미국의 독립은 열세 개의 식민지가 힘을 합쳐 얻은 것이므로 각각의 독립성도 보장해 주었어요. 오늘날 미국의 각 주마다 법이 조금씩 다른 이유는 바로 이 때문이에요.

입헌 군주제를 주장한 독립 협회

옛날이 배경인 드라마나 영화를 보면 으레 왕이 등장해요. 나라에 관한 모든 일을 왕이 판단하고 결정하면, 사람들은 군말 없이 왕의 명령을 따르지요. 이렇게 왕이 나라를 다스리는 정치 형태를 '군주제'라고 합니다. 군주제는 동서양을 막론하고 고대부터 근대까지 가장 흔한 정치 형태였어요. 물론 우리나라도 마찬가지였고요. 그런데 한때 '조선도 영국처럼 입헌 군주제를 도입해야 한다'는 주장이 등장했답니다. 그 주인공은 바로, 독립운동가 서재필이 이끄는 '독립 협회'였어요. 미국에서 신식 교육을 받고 조선으로 돌아온 서재필은 1896년에 독립 협회를 조직해서 조선의 자주적 독립을 위한 다양한 활동을 했어요. 그중 하나가 바로 의회 설립과 입헌 군주제에 관한 주장이었어요. 하지만 이 주장은 여러 가지 문제와 반대들로 이루어지지 못했습니다.

↑ 독립신문

↑ 독립문

퀴즈 조선의 입헌 군주제 도입을 주장한 단체는?
① 독립 협회　② 조선어 학회

영국의 산업 혁명

＊**딴판** 아주 다른 판국이나 형세.
＊**막막하다** 아득하고 막연함.

***단서** 어떤 문제를 해결하는 방향으로 이끌어 가는 일의 첫 부분.

***구조** 부분이나 요소가 어떤 전체를 짜 이룸. 또는 그렇게 이루어진 얼개.

***임금** 근로자가 노동의 대가로 사용자에게 받는 보수.

철컥
그릉
그르릉
끼릭
실을 뽑고 천을 짜고, 전~부 기계가 하니 사람은 물건만 나르면 돼. 그러니 임금도 적어야지.

게다가 너흰 어리니까 어른만큼 줄 수 없어.
……

해리야, 잠깐 얘기 좀….
척

저… 생각 좀 해 보고 다시 올게요.
그래, 언제든 환영이다.

*열악하다 품질이나 능력, 시설 따위가 매우 떨어지고 나쁨.
*인구 일정한 지역에 사는 사람의 수.

***자본가** 자본 투입과 노동자 고용을 통한 생산 활동으로 이윤을 얻는 사람.
***주거비** 가계 지출 가운데 집세, 수도 요금 등 주거에 필요한 비용.

*동력 전기 또는 자연에 있는 에너지를 쓰기 위하여 기계적인 에너지로 바꾼 것.

제임스 와트 (1736년~1819년)

영국의 기계 공학자로, 증기 기관을 개량하여 영국의 산업 혁명에
큰 기여를 했어요. 증기의 열에너지를 기계 동력으로 바꾸는 노력은
이전에도 많았지만, 문제는 '어떻게 하면 경제적 효율성을 높일 수
있나'였지요. 와트는 기술적인 개량을 통해 이 부분을 해결하고 증기
기관을 상용화하는 데 앞장섰어요. 이런 노력 덕분에 새 증기 기관은
광산은 물론 철도, 공장 등에서 폭넓게 사용될 수 있었지요.

*압력 두 물체가 접촉면을 경계로 하여 서로 그 면에
수직으로 누르는 단위 면적에서의 힘의 단위.

＊**동업자** 같이 사업을 하는 사람.

***개량** 나쁜 점을 보완하여 더 좋게 고침.
***효율** 들인 노력과 얻은 결과의 비율.

*웨일스 영국 서남부에 있는 반도.
*갱도 광산에서 사람이 드나들며, 광석을 나르거나 바람을 통하게 하기 위해 갱 안에 뚫어 놓은 길.

*탄광 석탄을 캐내는 광산.
*계약 관련되는 사람이나 조직체 사이에서 서로 지켜야 할 의무에 대하여 글이나 말로 정하여 둠.

하트 공주가 계약을 핑계로 제임스 와트를 납치하려는 게 틀림없어.
탁
탁
탁
혁
웨일스는 이렇게 뛰어서 갈 수 있는 거리가 아니야!
혁
나한테 좋은 생각이 있어!

그게 뭔데?
기차를 타고 가는 건 어때?
탁
탁
탁

그래?
난 이미 증기 기관이
만들어졌다고 해서
당연히 기차도 있는 줄만
알았는데….
그건 불가능해!
증기 기관차가 처음
등장한 건 1804년이야.
지금은 1788년이라고!
헤헤~

최초의
증기 기관차는 1804년에
리처드 트레비식이 만들었다냥.
하지만 승객을 태우고 달린
최초의 기차는 1829년
조지 스티븐슨의
로켓호다냥.
그리고 증기 기관을
연결한다고 끝이 아니야.
특히 기차에 증기 기관을
맞추는 데는 시간이
오래 걸렸다고.
트레비식 증기 기관차
로켓호

됐고!
지금은 어떻게든
하트 공주를 막는 게
먼저야!
진짜
폭주 기관차로군.
불끈

***악랄하다** 악독하고 잔인함.

*백옥. 빛깔이 하얀 옥.
*인재 어떤 일을 할 수 있는 학식이나 능력을 갖춘 사람.

***설치** 어떤 일을 하는 데 필요한 기관이나 설비 따위를 베풀어 둠.
***소모량**(109쪽) 써서 없애는 양.

*성능 기계 따위가 지닌 성질이나 기능.
*열정 어떤 일에 열렬한 애정을 가지고 열중하는 마음.

109

잡았다!
콰
앗!
왜 이러시는 거예요?
무슨 짓입니까?
직

씨
익

촥

제임스 와트, 이제 넌
이상한 나라로 가서
나를 위해서만
일하는 거야.
척
네에?
도대체 그게
무슨 말이죠?

두
두
두
두

앗!
우리가 한발
늦었나 봐.
아직
포기하긴 일러!
하트 공주님,
당장 멈춰요!
앗,
저 녀석들은!
두
두
두

어림없지!
받아랏!
벌
쿽

이얍!
텁
와
르
르
르

히이잉
으아악
지금이다!
어서 들어와라,
제임스 와트!
콰
쉬이익
으아아악
직

푸우
푸학
제임스 와트를 풀어 주세요, 공주님!
벌떡
쉬익

제임스 와트는 이상한 나라에서 더 큰 발명을 하게 될 거야.
제임스 와트

가자!
탁 탁 탁
이대로 가면 안 돼요!

스릉

제임스 와트가 사라지면 산업 혁명도
크게 늦어질 테고, 결국 역사도
꼬여 버릴 거야.

그렇게
되도록 두진
않을 거야!

어서
뒤쫓아 가자!
서둘러!
놓치면 안 돼!
팍
탁
탁
탁

산업 혁명의 시작

'혁명'이라는 말은 국가를 이루는 체계나 사회·경제 제도 같은 것들이 밑바닥부터 완전히 새롭게 고쳐지는 것을 말해요. 예를 들어, 왕이 다스리던 나라에서 시민이 주인인 나라로 바뀐 것을 '시민 혁명'이라고 부르는 것처럼 말이지요. 이처럼 산업 분야에서도 혁명이 일어나곤 해요. 인류의 첫 번째 산업 혁명은 18세기 영국에서 처음 시작되었습니다. 인도에서 수입한 면직물이 영국에서 큰 인기를 끌자, 기업가들은 면직물을 많이 만들어 팔 방법을 고민했어요. 그 결과 증기 기관을 이용한 방직 기계가 발명되었지요. 공장에서 만든 면직물은 증기 기관차와 증기선에 실려 곳곳으로 판매되었고요. 과거 사람이 일일이 손으로 짜고 마차에 실어 배달하던 것과는 차원이 다른, 그야말로 '혁명'이 일어난 것입니다.

⬆ 산업 혁명 시기 기계 공장의 모습

산업 혁명의 그늘

산업 혁명 덕분에 경제는 크게 발전했지만, 그에 따른 문제점도 많았어요. 먼저, 노동자들이 받는 돈이 갈수록 줄어들었습니다. 공장의 주인인 기업가에게 항의해 봤자 소용이 없었어요. 적은 돈을 받고도 일하겠다는 사람은 얼마든지 있었거든요. 그래서 노동자는 열심히 일해도 계속 가난하고, 기업가들은 점점 더 많은 돈을 버는 악순환이 반복됐어요. 또한, 노동자들이 일하는 환경도 무척 열악했습니다. 어두컴컴하고 환기도 되지 않는 위험한 공장에서 밤낮 일하며 건강이 나빠지기 일쑤였어요. 노동자들의 생활 환경도 형편없기는 마찬가지였습니다. 도시로 많은 사람이 몰려들자 집값이 터무니없이 비싸졌고, 도시에 마련된 화장실이나 하수 시설이 많은 인구를 감당하지 못했지요. 불결한 도시에서는 전염병이 퍼지기도 했습니다.

사회주의를 주장한 마르크스

산업 혁명은 유럽을 거쳐 전 세계로 퍼져 나갔어요. 당연히 산업 혁명의 여러 문제점도 고스란히 전해졌지요. 노동자들의 비참한 생활은 이제 영국만의 문제가 아니었어요. 그러자 이런 현상을 비판하는 사람들이 등장했지요. 대표적 인물이 독일의 '카를 마르크스'예요. 그는 소수의 기업가만 많은 돈을 벌고, 다수 노동자는 계속 가난해지는 구조가 잘못이라고 지적했어요. 그래서 노동자들이 혁명을 일으켜 모든 것을 공동으로 소유하고 관리하는 것이 옳다고 생각했지요. 이런 주장을 발전시켜 만든 사상이 바로 '사회주의'예요. 사회주의 사상은 당시 많은 사람들에게 공감과 호응을 얻었으며, 이후 민주주의와 더불어 세계사에 큰 영향을 끼치게 됩니다.

↑ 자신의 주장이 실린 신문 기사를 보고 있는 마르크스와 그의 동료 엥겔스

한강의 기적

1950년에 일어난 6.25 전쟁으로 우리나라는 폐허가 되었어요. 하지만, 불과 몇십 년 만에 폭발적인 경제 성장을 이룩해 냈지요. 세계인들은 이를 '한강의 기적'이라고 말하곤 해요. 전쟁 직후인 1950년대 우리는 파괴된 국토를 복구하는 데 온 힘을 쏟았어요. 1960년대에는 수출을 늘리는 경제 정책을 펼쳤으며, 1970년대와 1980년대에는 배를 만드는 조선업과 석유 제품을 만드는 화학 산업, 자동차 산업 등에 집중했어요. 1990년대에 들어서는 전자 제품·반도체 같은 첨단 산업으로 빠르게 변화했고요. 그런데 이렇게 본격적으로 산업이 발전하는 과정에서 과거 영국 노동자들이 겪었던 문제들이 나타났어요. 물건 값을 낮춰 수출을 늘리기 위해 노동자들에게 임금을 적게 주고 많은 일을 하게 했지요. 이에 노동자들이 반발하면서 기업들도 노동 조건을 개선하기 위해 노력하게 되었어요.

한국 산업 발달의 흐름

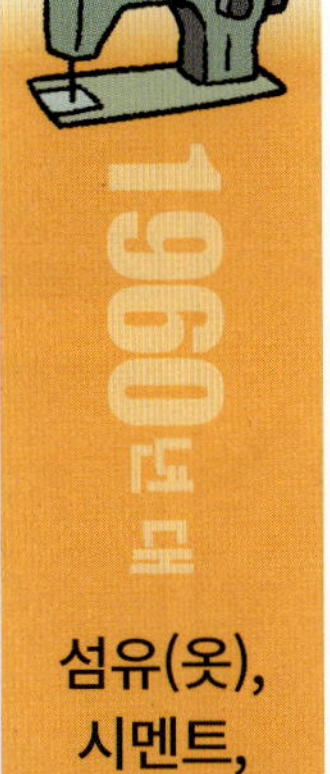

퀴즈 6.25 전쟁 후 이룩한 폭발적인 경제 성장을 나타내는 말은?
① 라인강의 기적　② 한강의 기적

영국의 제국주의

으~ 다들 괜찮아?

난 괜찮아. 근데 냥이 엉덩이가 너무 커진 것 같지 않아?
텁
뻐끔 뻐끔

헉! 해… 해리야, 그건 냥이가 아니라….
?

크아앙
일단 뛰어!
으 아 아 아

뭔가 잘못된 것 아냐?
하트 공주님이
가져간 책은 영국에
관한 거잖아!

설마
시간의 문이
고장 난 건가?

으아아아

시간의 문이
고장 났을 리가 없어.
우리도 분명 하트 공주의 뒤를
바로 뒤쫓아 왔고.

팍

탁 탁

*하마터면 조금만 잘못하였더라면.

얘들아!
이쪽에 하트 공주님의
발자국이 보여!
제대로 온 게 맞아.
참, 마법 안경이
있다는 걸 깜빡하고
있었어.
나도 볼게!

발자국이
저쪽으로 나 있어.
따라가 보자!

탁
탁
탁

***광산** 광물을 캐내는 곳.

*정체 참된 본디의 형체.
*외딴 외따로 떨어져 있는.

126

*총리 식민지 전체를 관리하는 우두머리.
*분할 나누어서 관할함.

***우선권(126쪽)** 특별히 남보다 먼저 행사할 수 있는 권리.

***종단** 세로로 끊거나 길이로 자름.
***보어인** 남아프리카 지역으로 이민하여 정착한 네덜란드계 사람들과 그의 후손들.

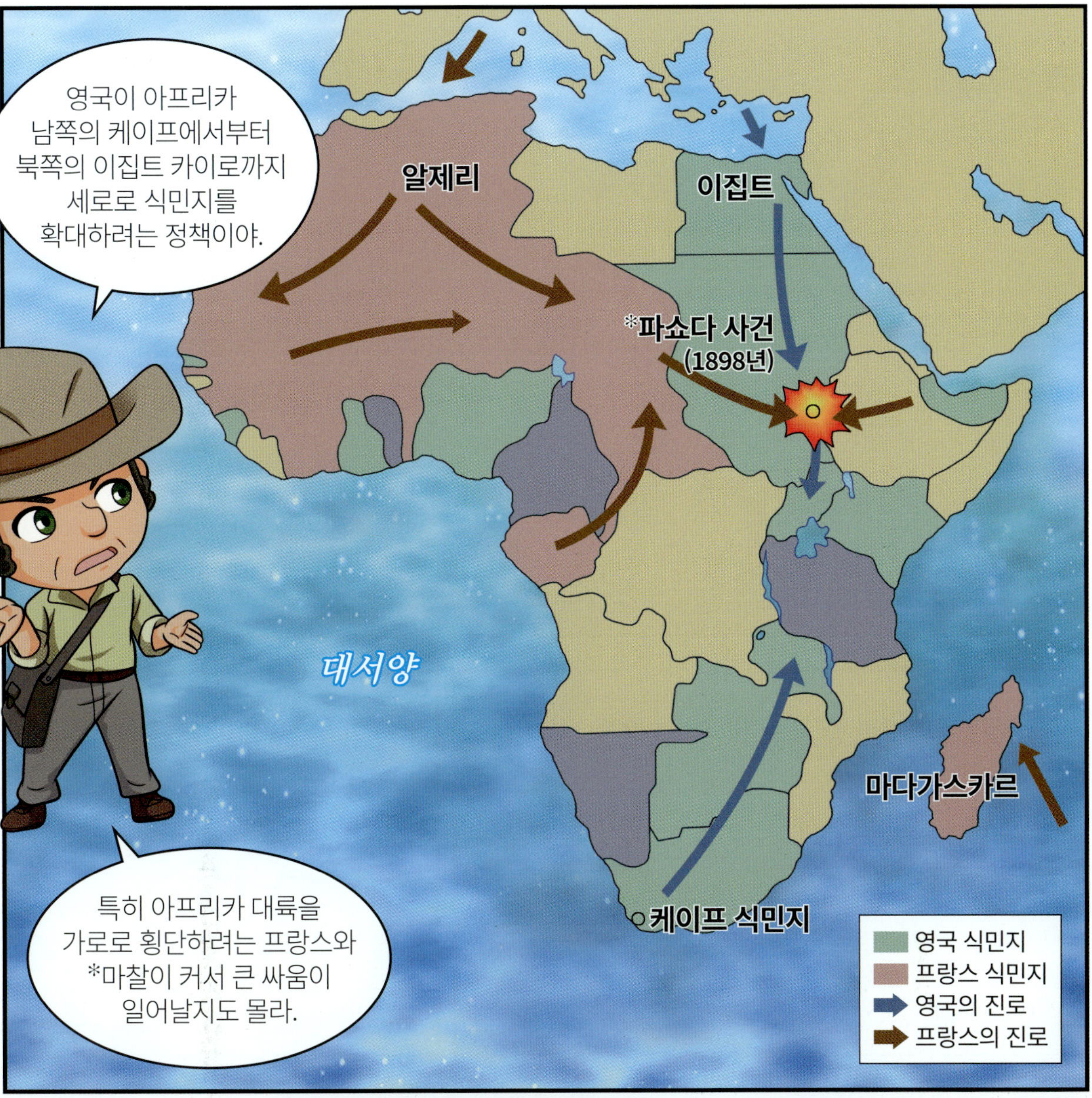

*마찰 이해나 의견이 서로 다른 사람이나 집단이 충돌함.
*파쇼다 사건 1898년에 영국과 프랑스가 수단의 파쇼다에서 아프리카 분할 문제로 충돌한 사건.

***제압** 위력이나 위엄으로 세력이나 기세 따위를 억눌러서 통제함.
***지배권** 다른 사람의 행동을 필요로 하지 않고, 목적물을 직접 지배할 수 있는 권리.

***약소국** 정치·경제·군사적으로 힘이 약한 작은 나라.
***일리** 어떤 면에서 그런대로 타당하다고 생각되는 이치.

세실 로즈 (1853년~1902년)

제국주의 시절에 활동한 영국의 기업인이자 정치인이에요.
다이아몬드 채굴 사업으로 막대한 돈을 벌어들인 뒤, 정치에
입문하여 1890년에는 남아프리카의 케이프 식민지(오늘날의
남아프리카 공화국)의 총리가 되었지요. 이미 영국 본토의
몇 배나 되는 광대한 아프리카 토지를 점령하고 통치하면서도
'아프리카 남쪽의 케이프 식민지부터 북쪽 끝의 이집트를
연결하는 영국의 식민지를 건설해야 한다'는 '종단 정책'을
주장했어요. 오로지 영국의 이익을 위해 활동했던 대표적인
제국주의자랍니다.

***관사** 관청에서 관리에게 빌려주어 살도록 지은 집.
***무작정** 얼마라든지 혹은 어떻게 하리라고 미리 정한 것이 없이.

*원주민 그 지역에 본디부터 살고 있는 사람들.
*악질 못된 성질. 또는 그 성질을 가진 사람.

앗,
하트 공주님과
가로세로다!

정보는
틀림없겠지?

네, 곧 영국 회사와
이곳 원주민인 마테벨레족
사이에 전투가 벌어질 거예요.
세실 로즈가 마테벨레족을
속이고 계약을
했다지 뭐예요?
기웃

목적을 위해서
수단과 방법을
가리지 않는 저 태도,
맘에 쏙 들어!
계약만 하면
부족 전체에게
땅도 주고
가축도 주겠소.

***치사하다** 행동이나 말 따위가 쩨쩨하고 남부끄러움.

***무장하다**(137쪽) 전투에 필요한 장비를 갖춤.

***열등하다** 보통의 수준이나 등급보다 낮음.
***문명인** 문명이 발달한 사회에서 사는 사람.

*본국 지배국이나 보호국을 식민지나 피보호국에 상대하여 이르는 말.

*대금 물건의 값으로 치르는 돈.
*지급 돈이나 물품 따위를 정하여진 몫만큼 내줌.

***무기상** 무기를 사고파는 일. 또는 그 일을 업으로 하는 사람.

세실 로즈! 설마 저런 아이들의 거짓말을 믿는 건 아니겠죠?
흐음...

상자를 열어 무기를 확인해! 그럼 누가 거짓말하는지 알 수 있겠지.
앗!

좋았어! 진실이 밝혀지는구나!

끼익
두둥
총리님! 상자 안에 맥심 기관총이 들어 있습니다.
말도 안 돼!

***첩자** 한 국가나 단체의 비밀을 몰래 알아내어 대립 관계에 있는 국가나 단체에 제공하는 사람.
***과소평가** 사실보다 작거나 약하게 평가함.

*훼방꾼(142쪽) 남의 일을 방해하는 사람.
*유독 많은 것 가운데 홀로 두드러지게.

144

***취재** 작품이나 기사에 필요한 재료나 제재를 조사하여 얻음.

***진지** 언제든지 적과 싸울 수 있도록 설비를 갖추고 부대를 배치해 둔 곳.
***전사** 전쟁터에서 적과 싸우다 죽음.

***남녀노소** 남자와 여자, 늙은이와 젊은이란 뜻으로, 모든 사람을 이르는 말.
***처단** 결단을 내려 처치하거나 처분함.

바로 당신!
화
악
혁

탁
탁
탁
으 아 아 악
이 소리는 설마…!

슥

한발 늦었어.
쳇, 결국….

총리님, 무슨 일입니까?
탁
탁
헉

총리님은 어디 가셨지?
너희, 총리님 못 봤니?
우물
쭈물

그건 총리님의 안경 아니냐? 네가 왜 그걸 갖고 있지?

저 아이들이 총리님을 해친 게 분명해! 당장 체포하라!
혁

아휴~ 어떻게 우리를 납치범으로 오해해?
그러게 안경은 왜 집어들었어? 어서 도망가자!
우왓
팍
팍
팍

약육강식의 제국주의 시대

산업 혁명이 계속되자 상품이 쌓이기 시작했어요. 더는 물건을 살 사람이 없었던 것입니다. 남아도는 상품을 팔고, 계속 공장을 돌리려면 새로운 시장을 찾아야 했어요. 한편으로는 산업 혁명 이후 인구가 많이 늘어났기 때문에 사람들이 살 새로운 땅도 필요했지요. 그래서 산업 혁명으로 힘센 강대국이 된 나라들은 힘없고 약한 나라, 즉 약소국을 침략했습니다. 약소국에서 헐값에 사 온 원재료로 상품을 만들어서 이들에게 비싸게 되팔았어요. 이렇게 강대국이 자기 나라의 이익을 위해 약소국을 침략해 식민지로 만드는 것을 '제국주의'라고 합니다. 당시 세계 제일의 공업국이었던 영국은 앞장서서 제국주의 정책을 폈어요. 이들은 강대국이 약소국을 지배하는 것이 당연한 사회 발전의 원리라고 주장했습니다.

퀴즈 강대국이 약소국을 침략해 식민지로 만드는 것은?
① 제국주의   ② 자유주의

해가 지지 않는 나라

16세기에 스페인 무적함대를 물리친 이후, 영국은 강력한 해양 강국으로 우뚝 섰어요. 영국 본토에서 산업 혁명이 일어나는 동안에도 바다에서는 영국의 함선이 세계를 누비고 있었지요. 산업 혁명 이후에는 엄청난 자본과 막강한 해상 장악력을 활용하여 그 어떤 나라보다 활발한 제국주의 정책을 펼칩니다. 먼저 탐험가와 선교사들이 각지를 탐사하고 종교와 문화를 전파하면, 이후 자본가와 군인들이 뒤따르며 본격적인 침략이 이루어지는 식이었어요. 이렇게 만든 영국의 식민지는 모든 대륙에 걸쳐 있어서, 영국을 '해가 지지 않는 나라'라고 불렀어요. 영국이 밤이 되어도 지구 반대편의 식민지는 낮이었으니까요. 이때 영국은 세계 무역을 거의 독차지하다시피 했답니다.

파쇼다 사건

제국주의 시대에 아프리카는 강대국들이 서로 식민지를 넓히려고 경쟁하는 무대였어요. 영국은 세실 로즈의 주장대로 북아프리카의 이집트와 남아프리카의 케이프타운을 연결하는 '종단 정책'을 추진했고, 프랑스는 서아프리카의 알제리에서부터 동쪽의 마다가스카르섬을 연결하는 '횡단 정책'을 추진하고 있었지요. 쉽게 말해 영국은 남북으로, 프랑스는 동서로 세력을 넓혀 가고 있었던 것입니다. 그렇다면 양국은 언젠가 어느 한 지점에서 만날 수밖에 없었겠지요? 그곳이 바로 수단의 '파쇼다'라는 곳이었어요. 1898년 두 나라는 파쇼다에서 부딪히게 되었는데, 다행히 프랑스의 양보로 전쟁이 벌어지지는 않았습니다.

거문도 사건

치열하게 식민지 경쟁을 벌이던 강대국들은 세계 곳곳에서 서로를 견제하며 대립했어요.
러시아가 조선을 비롯한 아시아 지역으로 세력을 키워 나가자, 영국은 1885년에 재빨리
전라남도 여수와 제주도 사이의 작은 섬 '거문도'를 침략해 강제로 점령합니다. 아프리카에서
했던 것과 똑같이 무턱대고 우리 영토에 들어와 자기들 마음대로 식민지로 만든 것입니다.
다행히 조선 정부의 강한 항의와 청나라의 중재, 러시아의 반발로 영국은 2년 만에 거문도에서
철수했어요. 하지만 이 사건을 계기로 힘없는 조선의 모습이 세상에 드러나 버렸답니다.

퀴즈 1885년, 영국이 침략해 강제로 점령했던 우리나라의 섬은?
① 마라도 ② 거문도

영국의 문화 *아이콘

***아이콘** 어떤 분야를 대표하는 사람이나 물건.

뾰방
뾰방
위험하게
도로에서
뭐 하는 거야?
얼른 비키지
못 해?

후
다
닥
휴~ 큰일 날
뻔했어.

그러게 말이야.
하필 위험한 곳에
떨어져서….
후유

그나저나
이번엔 꽤 현대로
온 것 같아.
그치?
마법 회중시계에
따르면, 지금은
1969년의 영국이야.

하트 공주님이 여기선 또 누굴 노리는 걸까?
일단 흔적부터 찾아보자.
세로잖아? 어쩐 일로 혼자 있지?
일단 따라가 보자.
아니. 혼자 있을 때 붙잡는 게 나을지도 몰라.
뿌득

얘들아, 저기 좀 봐!

*증명 어떤 사항 등에 대해 그것이 진실인지 아닌지 증거를 들어서 밝힘.
*치명적 생명을 위협하는.

*모국어(159쪽) 자기 나라의 말.

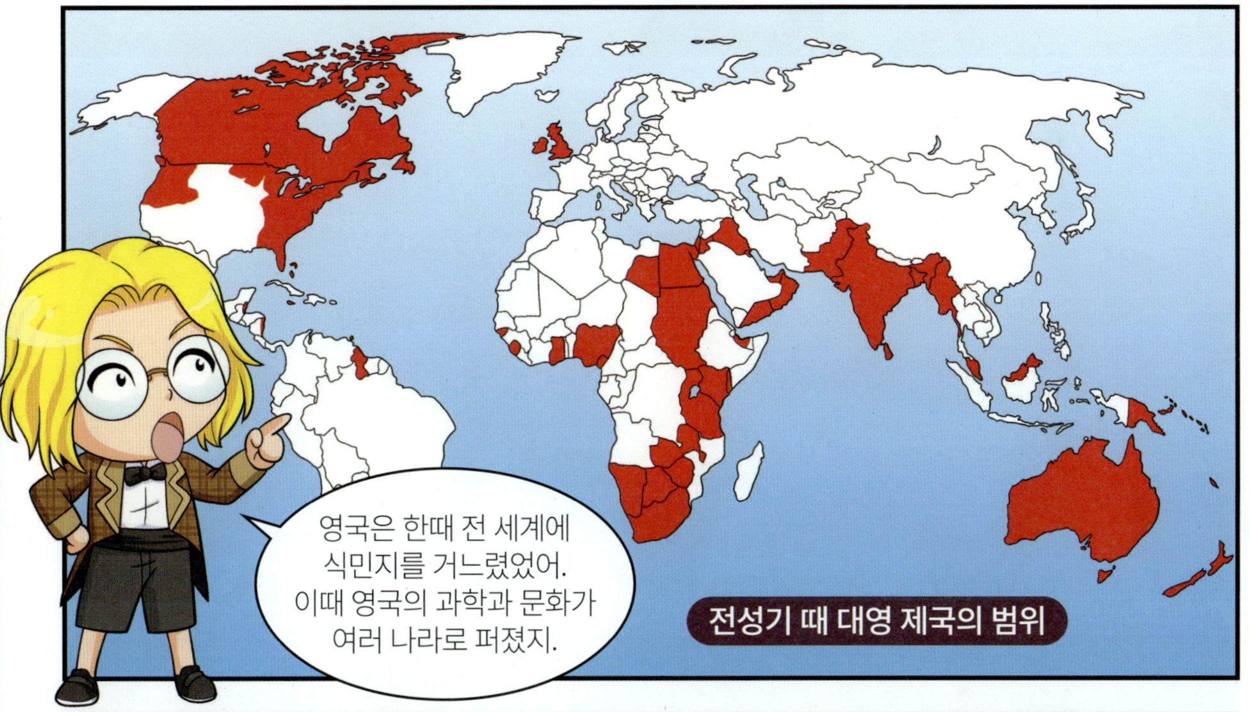

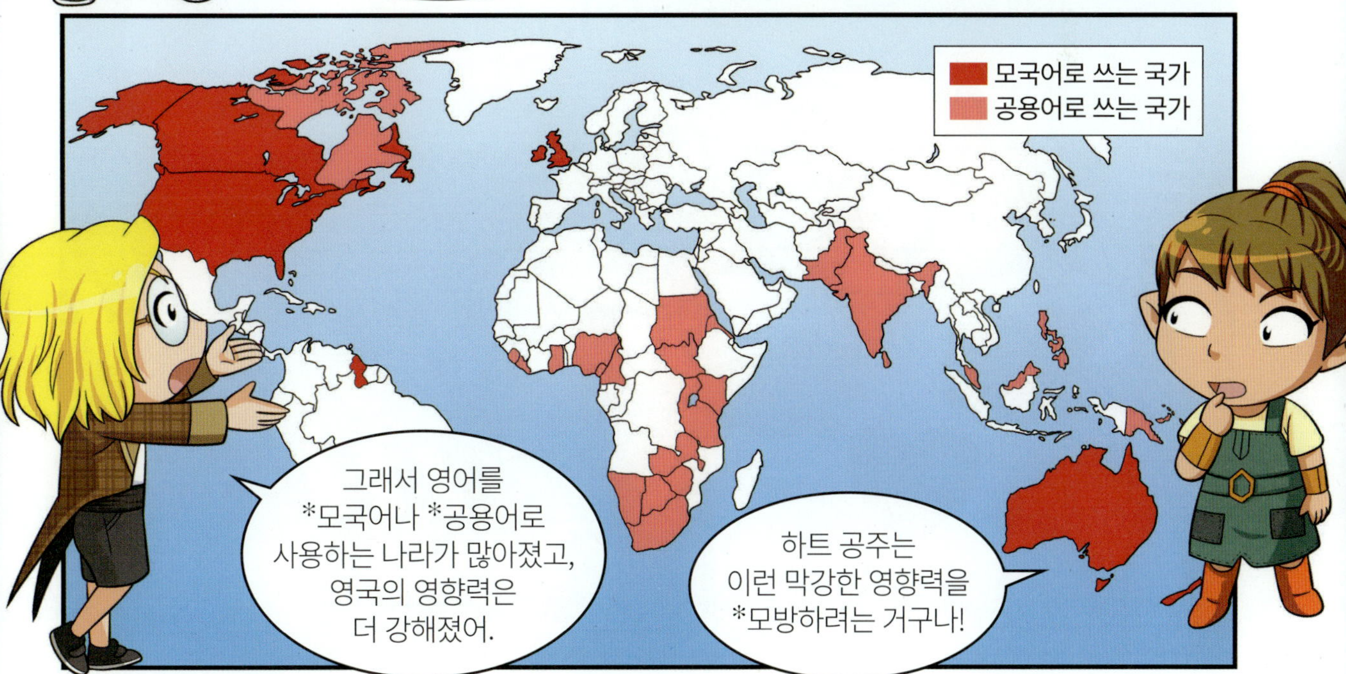

＊**공용어** 국제회의나 기구에서 공식적으로 쓰는 언어.
＊**모방** 다른 것을 본뜨거나 본받음.

*전파하다 전하여 널리 퍼뜨림.

***위대하다** 도량이나 능력, 업적 따위가 뛰어나고 훌륭함.

***영문학** 영국의 문학. 또는 영어로 표현된 문학이나 그것을 연구하는 학문.
***대사** 연극이나 영화 따위에서 배우가 하는 말.

***시리즈** 같은 종류의 연속 기획물.

***추리력** 알고 있는 것을 바탕으로 알지 못하는 것을 미루어서 생각하는 힘.
***냉철하다** 생각이나 판단 따위가 감정에 치우치지 않고 침착하며 사리에 밝음.

*__판단력(164쪽)__ 사물을 인식하여 논리나 기준 등에 따라 판정할 수 있는 능력.

그런데 세로가 여기에 떨어진 걸 보면, 셰익스피어는 하트 공주님의 목표가 아닌 것 같아.

내가 알기론 코난 도일이 살던 시기도 지금과는 꽤 차이가 있어.

멀지 않은 곳에 대학교가 있던데 거기로 가서 알아보자!

＊옥스퍼드 대학

***옥스퍼드 대학(166쪽)** 영국 잉글랜드 옥스퍼드 주에 있는, 유서 깊은 명문 종합 대학.
***미적분** 미분과 적분에 대한 수학 이론을 아울러 이르는 말.

167

***진화론** 생물은 환경에 적응하면서 단순한 것으로부터 복잡한 것으로 진화한다는 학설.
***전자기 유도 법칙** 도체의 주변에서 자기장을 변화시켰을 때 전압이 유도되어 전류가 흐르는 현상.

사람들마다
의견이 달라.
그러게.

잠깐! 어라?
근데 세로는?

후다닥
앗, 저기
도망친다!

탁
탁
탁
거기 서!

쏙
탁
탁
탁

끼긱
사라져
버렸다!
와
아
아
아
멀리 가진
못했을 텐데….

와 아 아
우 르 르 르
허억!

우르르
으아아아~!
우갸갹
철퍼덕

해롱
해롱
큰일 날 뻔했다.
겨우 피했어.

괜찮니,
얘들아?

비틀스 (1962년~1970년)

1960년대에 활동했던 영국 출신의 세계적인 록 밴드로, 존 레논, 폴 매카트니, 조지 해리슨, 링고 스타로 구성되어 있어요. <예스터데이>, <렛잇비>, <헤이 주드> 등 수많은 노래를 직접 만들고 연주하고 노래하며 전 세계를 무대로 활발한 활동을 펼쳤어요. 그들은 인종, 나이, 성별과 관계없이 여러 사람들이 좋아할 수 있는 대중적인 음악을 주로 만들었어요. 그래서인지 지금까지도 세계인들은 그들의 음악을 사랑하고 있답니다.

*록 밴드 록 음악을 연주하면서 노래도 함께 하는 연주 단체.
*대중음악(173쪽) 대중을 대상으로 하는 음악.

*대중문화 대중이 형성하는 문화.
*철학적 철학에 기초를 두거나 철학에 관한.

173

*스튜디오 사진사, 미술가, 공예가, 음악가 등의 작업실.

웅성 웅성
비틀스
비틀스
헉!
벌써 사람들이
이렇게나 많이
모이다니!

웅성
어?
웅성
해리야,
비틀스 멤버들은
뒷문으로
*빠져나가고 있어!
샤샥
웅성

터 덩
휴~
언제 사람들이
이렇게 모였지?
요즘은
산책도
못한다니까.

팍
참!
이번 음반 표지
사진 *콘셉트는
다들 알고 있지?
물론!
근데 어디서
촬영할지는
정했어?
찾는
중이야.
부릉
끼익
괘…
괜찮으세요?
벌
꺽
훗~
쇄
애
액
비틀스!
세계 최고의 록 밴드!
아주 흥미로운걸?
나와 함께….

*콘셉트(176쪽) 어떤 작품이나 제품, 공연 등에서 드러내려고 하는 주된 생각.

***앨범** 여러 곡의 노래 또는 연주곡 따위를 하나로 묶어 만든 물건.

이것들이 감히 내가 누군 줄 알고!
으으… 꼼짝도 못하겠어요!
우르르르

탁
탁
탁
탁
거기 서!
비틀스! 나를 따라가면 여기서보다 더 큰 영광을 누릴 수 있어.
휙
누구를 데려간다고?
네가 뭔데 감히 우리 오빠들을 데려가?
그, 그게….
두
둥
멍
칫

툭

슥

척
세실 로즈
제임스 와트
오호~
손쉽게
마법 카드
획득!

이걸로
우리 임무는
끝난 것 같은데?
일이
잘 마무리돼서
다행이야.

우르르
아… 알았으니까 저리 비켜!
세로야~ 우리 좀 도와줘! 어디 있니, 세로야!
자, 이제 우리 돌아갈까?
이번 임무도 무사히 해결해서 다행이야.
지
이
잉
야옹~!

한편
으아앙
살려줘요~

세계인의 사랑을 받는 영국 문학

"윙가르디움 레비오우사!", "익스펙토 패트로눔!" 혹시 이게 무슨 말인지 알고 있나요? 바로, 영국 작가 J.K. 롤링의 소설 <해리 포터> 시리즈에 나오는 마법 주문이랍니다. 이 소설은 80개 언어로 번역되어 200개 이상의 나라에서 출판되었을 만큼 큰 인기를 얻었어요. 영화로도 만들어져 흥행했고요. 이러한 성공의 바탕에는 역사 깊은 영국 문학과 위대한 작가들이 있어요. <햄릿> 등 4대 비극과 <로미오와 줄리엣>을 쓴 극작가 윌리엄 셰익스피어, 독재 권력과 인간 존엄성을 <동물 농장>에 비유한 조지 오웰, <두 도시 이야기>, <올리버 트위스트>로 가난하지만 평범한 시민들의 이야기를 다룬 찰스 디킨스, 세계에서 가장 유명한 탐정 캐릭터 <셜록 홈스>를 만든 코난 도일이 대표적입니다. 영국 문학은 당시의 여러 사회 문제를 사실적으로 묘사하거나 때로 우스꽝스럽게 풍자하고, 날카롭게 비판하면서 정치적·사회적 영향력을 발휘했어요.

과학의 나라, 영국

옛날에는 '과학자'라는 직업이 따로 존재하지 않았다는 사실을 알고 있나요? 과학은
오랫동안 철학자들의 연구 분야 중 하나 정도로 취급되었어요. 그래서 만유인력의 원리를
확립하고, 수학·물리학·천문학에 큰 업적을 남긴 영국 과학자 뉴턴마저도 자신을 '자연
철학자'라고 생각했지요. '자연 철학자'를 대신해 '과학자'라는 개념을 처음 만든 나라는 바로
영국이에요. '윌리엄 휴얼'이 1840년경에 '예술가(artist)'에서 본떠 '과학자(scientist)'와
'물리학자(physicist)'라는 용어를 처음 사용했지요. 이후 과학자라는 개념이 널리 퍼졌다고
합니다. 이것은 단지 용어가 바뀐 것이 아니라, 과학의 중요성을 비로소 인정한 것이라 할 수
있어요. 자연법칙을 발견하고 연구하면 세상을 바꿀 수 있다는 사실을 영국이 가장 먼저 깨달은
것이지요. 영국의 이러한 과학 정신과 전통은 뉴턴부터 찰스 다윈, 마이클 패러데이, 스티븐 호킹
등으로 계속 이어집니다.

세계 공용어의 자리를 넘보는 영어

영어는 영국 잉글랜드 지방에서 처음 사용한 언어예요. 오늘날에는 영국뿐 아니라 아일랜드·미국·
캐나다·오스트레일리아·뉴질랜드 등 6개 나라의 모국어이고, 그 외 60여 개 나라의 공용어로
사용되고 있지요. 다시 말해, 전 세계 사람 중 3분의 1이 매일 영어를 사용한다는 의미예요.
영어가 영국 밖의 땅에서 사용된 것은 영국이 세계를 향해 본격적으로 진출한 17세기부터입니다.
이후 제국주의가 절정에 달한 19세기 말 무렵에는 세계 곳곳에서 들을 수 있는 언어가 되었지요.
20세기에는 미국이 세계 최강대국이 되면서 영국보다 미국의 영향으로 더 널리 전파되었고,
국제 사회에서 사실상 공용어처럼 쓰이게 되었어요. 그런데 영어가 지나치게 널리 사용되면서
생각지 못한 부작용도 나타났어요. 각 지역에서 발생한 다양한 언어들이 감소하고, 사라지는
경우도 있기 때문입니다.

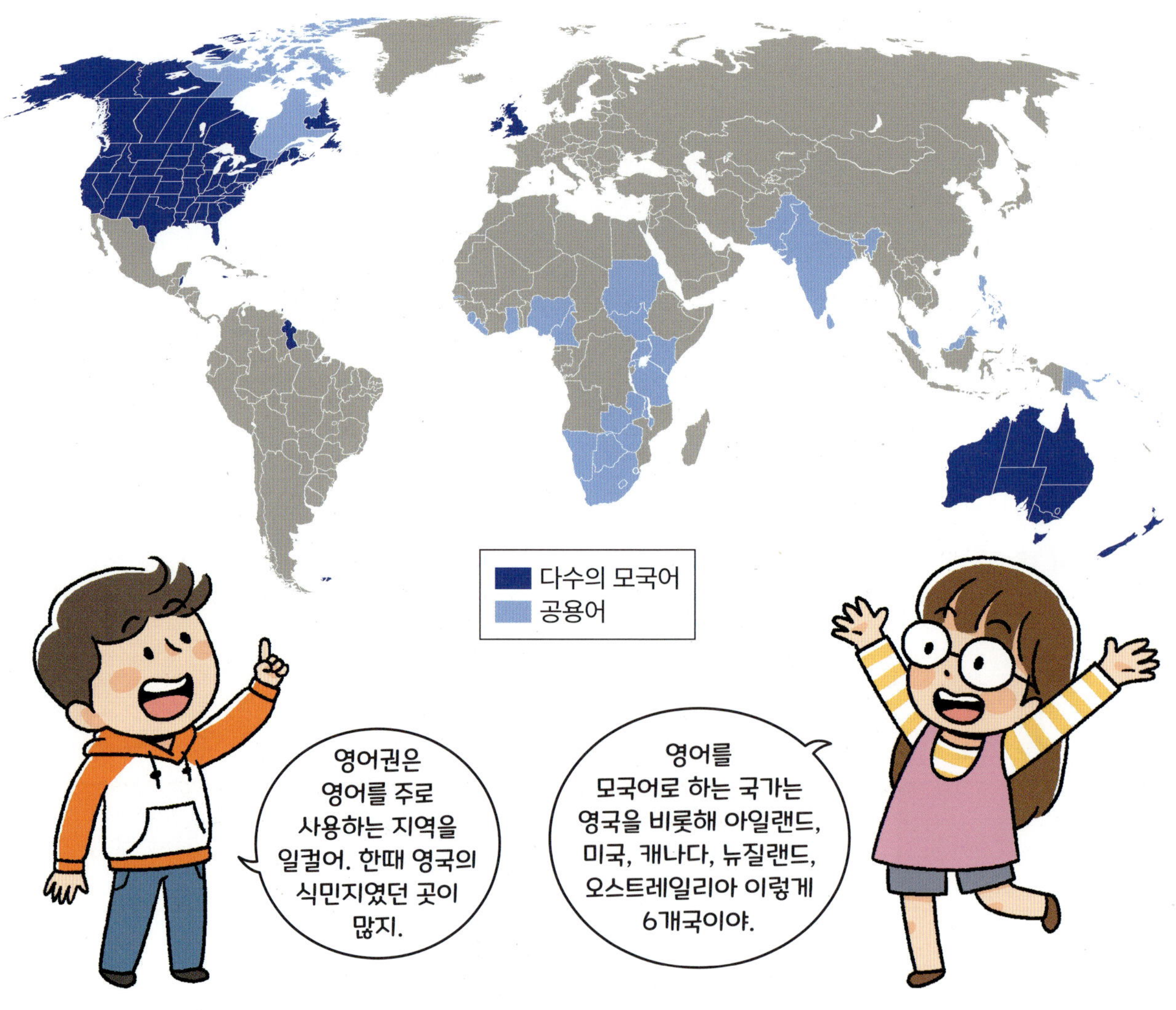

세계로 훨훨, 한국 문화의 힘!

"…오직 한없이 가지고 싶은 것은 높은 문화의 힘이다. 나는 우리나라가 남의 것을 모방하는
나라가 되지 말고 새로운 문화의 근원이 되고, 목표가 되고, 모범이 되기를 원한다."
일제 강점기 독립운동가이자 대한민국 통일 운동가였던 김구 선생이 <백범일지>에 쓴 글귀예요.
제국주의 시대, 약소국의 지도자로서 가장 절실했던 것이 강력한 문화의 힘이었나 봅니다.
그로부터 100년이 채 지나지 않은 지금, 김구 선생이 그토록 바라던 일이 벌어지고 있어요!
바로, '한류'라는 이름으로 말이지요. 세계 속의 한류 열풍, 어떤 것이 있는지 알아볼까요?

영화·드라마
2020년을 전후해 해외 유명 영화제에서 한국 영화와 배우들이 잇따라 수상하는 쾌거를 이루었어요. 기발하고, 파격적이며, 세련된 한국 영화와 드라마는 세계인을 열렬한 팬으로 빠져들게 했어요.

음악
'전 세계에 통하는 음악은 오직 영어로 된 팝송뿐'이라는 고정 관념을 한국 가수들이 보기 좋게 깨뜨렸어요. 한국 대중음악을 뜻하는 '케이팝'은 이제 세계 음악계의 중요한 한 분야로 인정받은 상태예요.

게임
게임 산업 분야에서도 한국은 세계적으로 손꼽히는 강국이에요. VR·AR 등 눈을 사로잡는 첨단 기술뿐만 아니라 흥미로운 스토리텔링으로 무장한 한국 게임은 국경을 초월해 큰 인기를 얻고 있어요.

음식
과거 외국인들에게 한식은 마늘 냄새가 많이 나는 음식으로 여겨졌어요. 하지만 이제는 많은 관심과 사랑을 받는 음식 중 하나지요. 김치부터 떡볶이까지, 한식을 배우고 즐기는 외국인이 많아졌어요.

퀴즈 한국 대중문화가 외국에서 유행하는 현상은?
① 한류 ② 조류

냥이가 영국의 마법 학교를 찾아가려고 해요.
무사히 목적지에 도착하도록 문제를 맞혀 보세요.
출발!
헨리 8세의 딸이자, '나는 영국과 결혼했다'는 말로 유명한 영국의 여왕은?
메리 2세
엘리자베스 1세
청교도 혁명을 이끈 의회파의 지도자로, 영국 역사상 처음으로 왕이 없는 공화정을 수립했던 사람은?
드레이크
올리버 크롬웰
명예혁명 이후에 세계 최초로 영국에서 실시된 정치 제도는?
대통령제
입헌 군주제

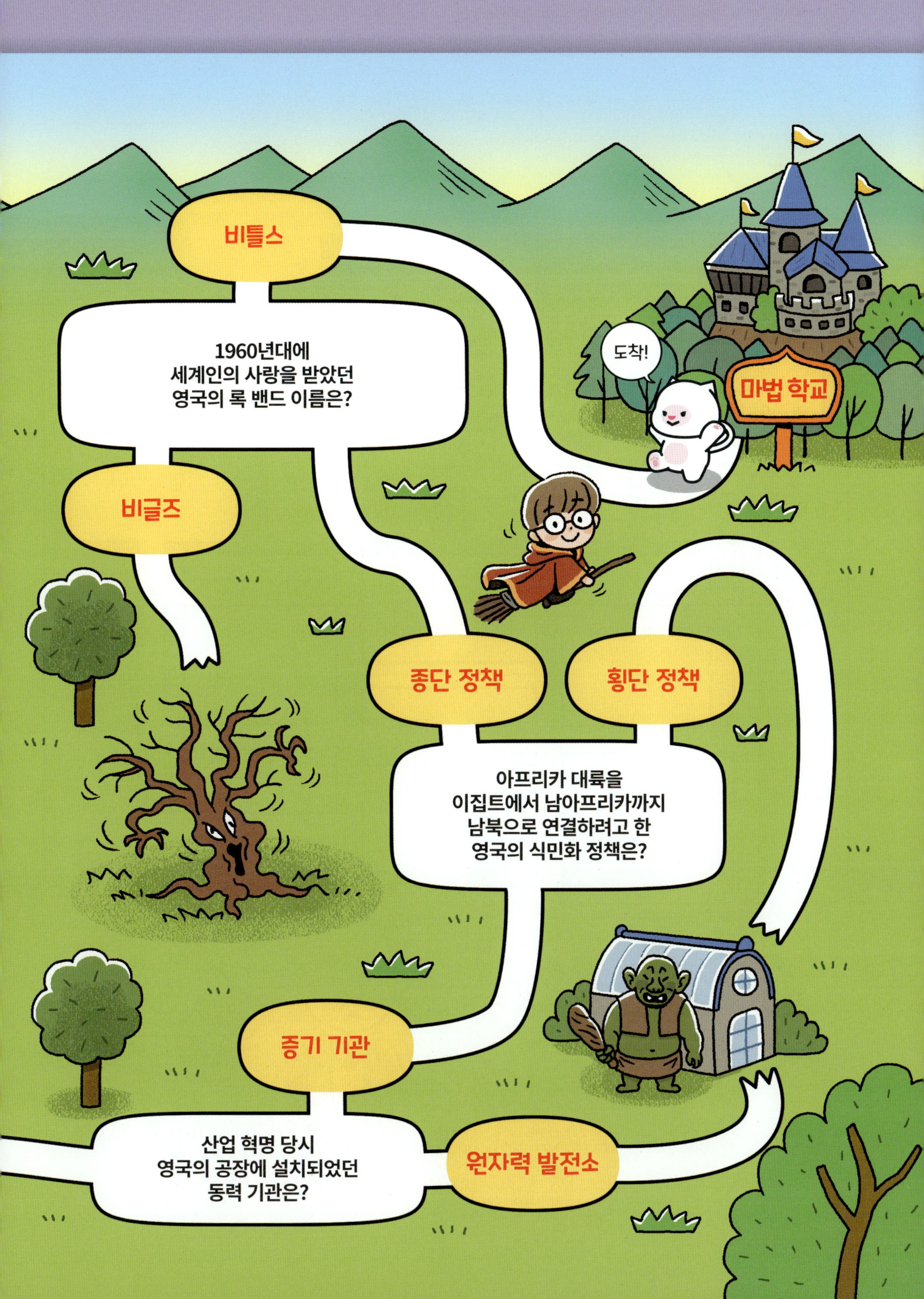

비틀스
1960년대에 세계인의 사랑을 받았던 영국의 록 밴드 이름은?
비글즈
도착!
마법 학교
종단 정책
횡단 정책
아프리카 대륙을 이집트에서 남아프리카까지 남북으로 연결하려고 한 영국의 식민화 정책은?
증기 기관
산업 혁명 당시 영국의 공장에 설치되었던 동력 기관은?
원자력 발전소

다음은 영국의 유명한 인물들이에요.
누가 누구인지 찾아볼까요?
아프리카에서 영국이 제국주의 정책을 펼치는 데 앞장섰던 인물이야.
떨어지는 사과를 보면서 왜 사과가 떨어지는지 궁금해 했던 사람이지.
스페인의 무적함대를 격파해 영국이 대서양을 지배하는 기회를 만들었어.
청교도 혁명 때 내전에서 패해 의회파에 의해 처형되었어.
엘리자베스 1세
찰스 1세
세실 로즈
아이작 뉴턴

가로세로 낱말풀이를 완성해서
영국 국기의 모습을 보여 주세요!

가로 풀이

1. 산업 혁명의 문제점을 비판하고 노동자들이 중심이 되는 사회주의를 주장한 독일 출신의 학자야.

2. '○○○○ 전투'는 청교도 혁명 중인 1645년, 의회파가 왕당파에게 결정적인 승리를 거둔 싸움이야.

3. 이것의 힘을 이용한 동력 기관이 산업 혁명의 원동력이 됐지.

세로 풀이

1. 광산 운영권과 땅을 빼앗으려는 세실 로즈의 영국군에 맞서 싸운 아프리카의 민족이야.

2. 17세기에 청교도 혁명을 승리로 이끈 후 공화정을 수립한 인물이야.

3. 1960년대에 활동했던 영국이 낳은 세계적인 록 밴드야.

4. 전자기 유도 법칙을 발견하고, 발전기를 만든 영국의 물리학자야.

5. 청교도 혁명 때 활약했던 기병대야.

1 다음은 엘리자베스 1세가 다스리던 시절의 영국에 대한 설명입니다. 올바른 것을 두 개 고르세요.

㉠ 당시 영국에서는 모직물 산업이 발전했다.

㉡ 프랑스와의 백 년 전쟁을 승리로 이끌었다.

㉢ 스페인을 누르고 대서양을 지배하는 계기를 마련하였다.

㉣ 아프리카를 남북으로 연결하는 제국주의 정책을 실시했다.

2 북아메리카 대륙에 건설한 최초의 영국 식민 도시는?

① 텍사스　　② 몬트리올　　③ 버뮤다　　④ 제임스타운

 다음은 어떤 인물에 대해 인터넷으로 검색했을 때 나온 내용입니다.
이 인물은 누구일까요?

17세기에 활동한 영국 젠트리 출신의 정치가로, '청교도 혁명'
이라고 불리는 영국 내전에서 활약한 인물이다. 1642년
왕당파와 의회파 사이에 내전이 시작되자, 기병대를 조직해
왕당파를 물리치고 공화정을 수립하는 데 큰 공을 세웠다.
그러나 스스로 공화정 최고 행정관인 호국경의 자리에 올라
1658년 사망할 때까지 독재 정치를 펼쳐 비판을 받기도 했다.

① 헨리 8세

② 제임스 와트

③ 올리버 크롬웰

④ 세실 로즈

4 아래에서 설명하는 역사적 사건은 무엇일까요?

> 제임스 2세는 의회를 무시하고 자기 마음대로 나라를 다스렸다. 이에 영국 의회는 제임스 2세를 추방하고, 그의 딸 메리 부부를 영국의 새 왕으로 추대했다. 1688년, 메리 2세와 남편 윌리엄 3세 부부는 의회가 내놓은 권리 선언이라는 문서에 서명함으로써 의회와 국민의 권리를 확인하고 의회를 존중할 것을 다짐했다. 이 권리 선언은 곧바로 '권리 장전'이라는 이름으로 공포되었다.

① 독립 혁명　　② 산업 혁명　　③ 명예혁명　　④ 청교도 혁명

5 다음은 영국의 산업 혁명과 관련된 그림입니다.
이 그림을 보고 추측할 수 있는 것은 무엇일까요?

① 면직물의 수요가 급증하면서 공장에서 대량 생산하기 시작했다.

② 산업 혁명 때 어린 아이들도 공장에서 힘든 일을 하며 비참한 생활을 했다.

③ 17세기에 제임스 와트가 증기 기관을 개량하면서 산업 혁명이 시작되었다.

④ 불평등한 사회를 비판하는 카를 마르크스와 같은 사상가들이 등장했다.

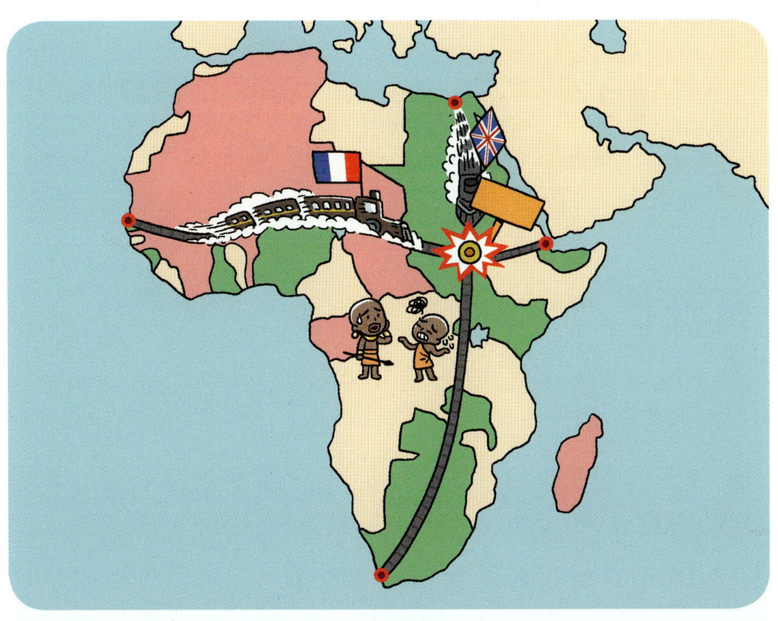

아프리카의 거대한 땅과 풍부한 자원을 탐낸 유럽의 강대국들은 19세기 후반부터 본격적인 식민지 경쟁을 시작했다. 당시 ⓐ 은(는) 남쪽의 케이프 식민지에서 북쪽의 이집트 카이로를 연결하는 철도를 건설하는 '종단 정책'을 추진했다. 한편 ⓑ 은(는) 서쪽의 알제리를 거점으로 아프리카 동쪽 끝 마다가스카르 섬까지 연결하는 '횡단 정책'을 추진했다.
각자의 정책을 추진하던 두 나라는 1898년 수단의 ⓒ 에서 충돌하게 됐는데, 이 사건을 ⓒ 사건이라고 한다. 이때 ⓑ 가 양보하면서 수단은 ⓐ 의 지배하에 들어가게 되었으며, ⓐ 와 ⓑ 두 나라는 전쟁을 벌이지 않고 문제를 해결할 수 있었다.

① ⓐ 와 ⓑ 에 들어갈 나라 이름을 적어 보세요.

② ⓒ 에 들어갈 이름을 적어 보세요.

7 다음 중 '제국주의'에 대해 잘못 말한 친구는 누구일까요?

① **성빈:** 제국주의 국가들은 강대국이 약소국을 지배하는 것이 당연한 사회 발전의 원리라고 여겼어.

② **제니:** 산업 혁명으로 부유해진 유럽 열강이 힘을 다른 국가의 영토로 확장하려는 침략주의적 정책이야.

③ **서윤:** 개개인의 생각과 자유를 최대한 보장하는, 19세기에 등장한 정치 체제야.

④ **윤빈:** 제국주의 국가들은 약소국에서 헐값에 사온 원재료로 상품을 만들어 다시 비싸게 되팔았어.

8 아래 사진 속 인물들에 대한 바른 설명을 고르세요.

① 유럽의 르네상스 문화를 크게 발전시켰어요.

② 뛰어난 음악성과 대중성으로 전 세계 젊은이들의 큰 사랑을 받았어요.

③ 다양한 할리우드의 영화를 만들어 전 세계적으로 흥행시켰어요.

④ 나무에서 떨어지는 사과를 보고 만유인력 법칙을 발견했어요.

① 마이클 패러데이

② 윌리엄 셰익스피어

③ 찰스 다윈

④ 스티븐 호킹

⑤ 아서 코난 도일

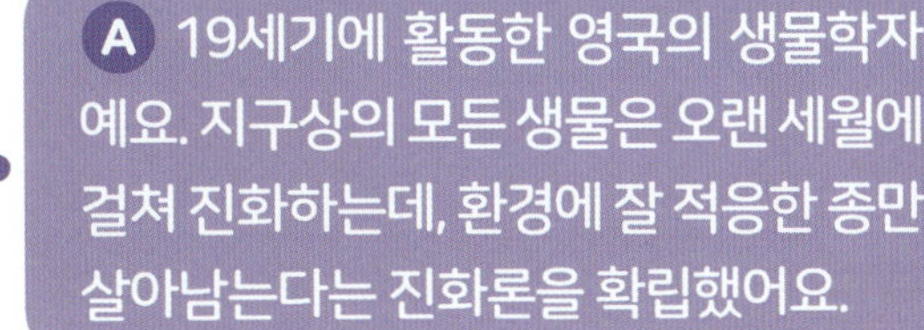

A 19세기에 활동한 영국의 생물학자예요. 지구상의 모든 생물은 오랜 세월에 걸쳐 진화하는데, 환경에 잘 적응한 종만 살아남는다는 진화론을 확립했어요.

B 19세기~20세기에 활동한 영국의 탐정이자 의사, 소설가예요. 명탐정 셜록 홈스를 주인공으로 하는 추리 소설, '셜록 홈스' 시리즈를 창작했어요.

C 19세기에 활동한 영국의 물리학자이자 화학자예요. 자석으로 전기를 만드는 장치를 연구해 '전자기 유도 법칙'을 발견하고, 발전기와 변압기를 만들었어요.

D 16세기~17세기에 활동한 영국의 극작가예요. '4대 비극'으로 손꼽히는 작품들과 <로미오와 줄리엣>, <베니스의 상인> 등 많은 명작을 남겼어요.

E 20세기를 대표하는 영국의 천재 물리학자예요. 온몸의 근육이 마비되는 루게릭병에 걸렸지만, 우주론과 블랙홀 관련 이론에 크게 이바지했어요.

도전 세계사 놀이 퀴즈·정답 따라가기

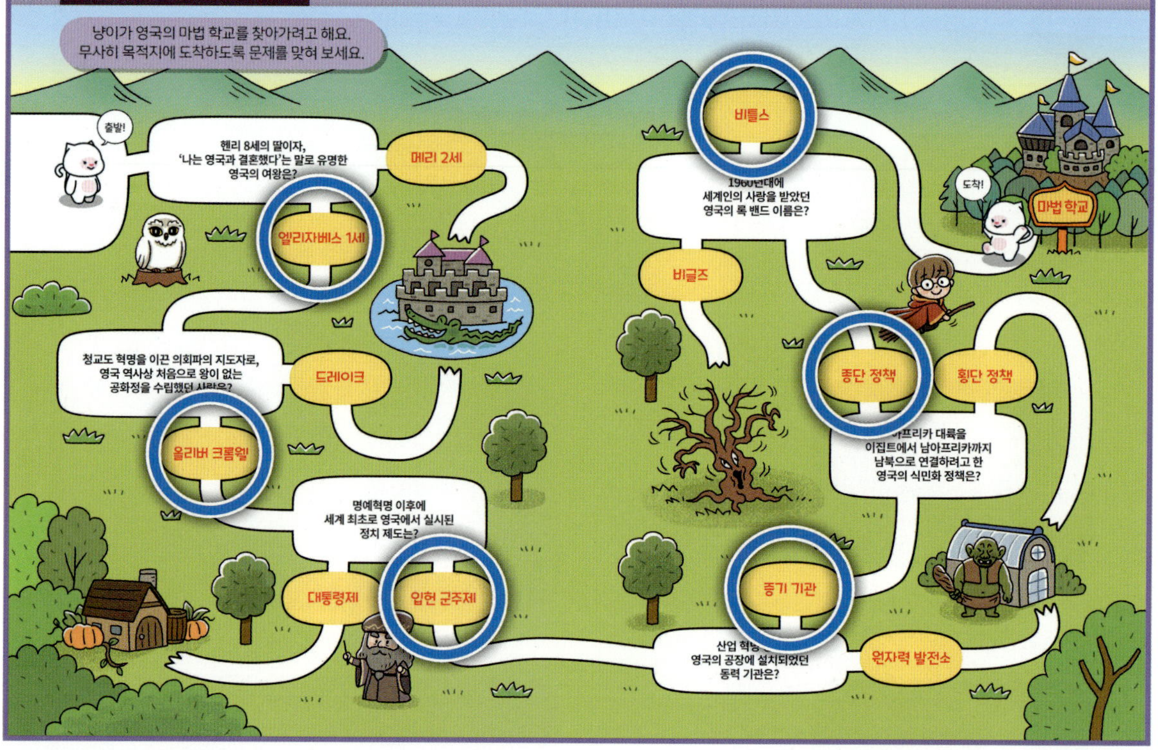

냥이가 영국의 마법 학교를 찾아가려고 해요.
무사히 목적지에 도착하도록 문제를 맞혀 보세요.

도전 세계사 놀이 퀴즈·사다리 타기

다음은 영국의 유명한 인물들이에요.
누가 누구인지 찾아볼까요?

도전 세계사 놀이 퀴즈·가로세로 낱말풀기

가로세로로 낱말풀이를 완성해서
영국 국기의 모습을 보여 주세요!

가로 풀이

1. 산업 혁명의 문제점을 비판하고 노동자들이 중심이 되는 사회주의를 주장한 독일 출신의 학자야.
2. '○○○○ 전투'는 청교도 혁명 중인 1645년, 의회파가 왕당파에게 결정적인 승리를 거둔 싸움이야.
3. 이것의 힘을 이용한 동력 기관이 산업 혁명의 원동력이 됐지.

세로 풀이

1. 광산 운영권과 땅을 빼앗으려는 세실 로즈의 영국군에 맞서 싸운 아프리카의 민족이야.
2. 17세기에 청교도 혁명을 승리로 이끈 후 공화정을 수립한 인물이야.
3. 1960년대에 활동했던 영국이 낳은 세계적인 록 밴드야.
4. 전자기 유도 법칙을 발견하고, 발전기를 만든 영국의 물리학자야.
5. 청교도 혁명 때 활약했던 기병대야.

1 답 ㉠, ㉢

16세기에 영국은 모직물 산업이 크게 발전했으며,
스페인 무적함대를 격파하며 해양 강국으로 부상했다.

2 답 ④

1607년, 신대륙에 도착한 영국인들은 영국 왕인 제임스 1세의 이름을 딴 식민 도시,
제임스타운을 만들었다.

3 답 ③

17세기 영국의 청교도 혁명을 승리로 이끈 사람은 젠트리 출신의 청교도 크롬웰이다.

4 답 ③

명예혁명은 메리 2세와 윌리엄 3세 부부가 의회의 요구를 승인하면서,
피 한 방울 흘리지 않고 명예롭게 성공한 시민 혁명이다.

5 답 ②

산업 혁명 시기, 영국에서는 10세 미만의 어린 아이들까지도
낮은 임금을 받으며 공장에서 혹사당하는 경우가 많아 사회 문제가 되었다.

6 답 **1** ⓐ: 영국 , ⓑ: 프랑스 / **2** ⓒ: 파쇼다

7 답 ③

제국주의는 강한 군사력과 경제력으로 다른 나라나 민족에 대해
정치·경제·문화적 지배를 확대하려는 침략주의적 정책이다.

8 답 ②

사진 속 인물들은 영국이 낳은 세계적인 록 밴드 비틀스로,
뛰어난 음악성과 대중성으로 전 세계 젊은이들의 인기를 얻었다.

9 답 ①↔C, ②↔D, ③↔A, ④↔E, ⑤↔B

영국

기원전

6세기경 켈트족, 유럽에서 건너와 정착

55년~기원후 410년 로마 제국의 잉글랜드 지배

기원후

4세기~6세기경 앵글로·색슨족 침입, 로마군 철수
켈트족, 웨일스와 스코틀랜드로 밀려남

6세기~9세기경 웨식스 왕국, 7개의 앵글로·색슨 왕국을
잉글랜드로 통일

1301년 웨일스, 잉글랜드에 통합

1534년 헨리 8세, 잉글랜드 국교회 수장이 됨

1558년 엘리자베스 1세 즉위

1588년 영국, 스페인 무적함대 격파

1642년~1649년 청교도 혁명

1688년~1689년 명예혁명

1707년 스코틀랜드, 잉글랜드에 통합

1765년 제임스 와트, 증기 기관 개량
영국의 산업 혁명 시작

1801년 그레이트브리튼·아일랜드 연합 왕국 성립

1898년 파쇼다 사건

1960년 록 밴드 비틀스 결성

2020년 영국, 유럽 연합 탈퇴(브렉시트)

헨리 8세의 초상화

청교도 혁명 중의 크롬웰

제임스 와트의 증기 기관 구조도

비틀스

세계사

기원전
753년 로마 건국
431년 펠로폰네소스 전쟁(~404년)
264년 로마와 카르타고, 포에니 전쟁(~146년)

기원후
375년경 게르만족 대이동 시작
395년 로마 제국, 동서로 분열
486년 프랑크 왕국 건국(~843년)
622년 헤지라, 이슬람교 정립
1096년 십자군 전쟁(~1270년)
1492년 콜럼버스, 아메리카 대륙 발견
1517년 루터의 종교 개혁 시작
1863년 미국 링컨 대통령, 노예 해방 선언
1914년 제1차 세계 대전(~1918년)
1939년 제2차 세계 대전(~1945년)
1960년 아프리카 17개국 독립(아프리카의 해)
1993년 유럽 연합(EU) 탄생

한국사

기원전
2333년 고조선 건국
57년 신라 건국
37년 고구려 건국
18년 백제 건국

기원후
698년 발해 건국
918년 고려 건국
1392년 조선 건국
1443년 〈훈민정음〉 창제
1894년 동학 농민 운동, 갑오개혁
1919년 3.1 운동
1948년 대한민국 정부 수립
1950년 한국 전쟁 발발
1980년 5.18 민주화 운동
2004년 한국 고속 철도(KTX) 개통
2018년 제23회 평창 동계 올림픽 개최

사진 출처

26　엘리자베스 1세 | 위키피디아

52　칼레 해전 | 위키피디아

53　산업 혁명 시기의 직조 공장 | 위키피디아

54　제임스타운에 도착한 영국인들 | 위키피디아

62　올리버 크롬웰 | 위키피디아

86　메이플라워호 | 위키피디아

89　독립문 | 위키피디아 ⓒRtflakfizer

　　독립신문 | 위키피디아

99　제임스 와트 | 위키피디아

116　산업 혁명 시기 기계 공장 | 위키피디아

118　마르크스와 엥겔스 | 위키피디아

132　세실 로즈 | 위키피디아

172　비틀스 | 위키피디아

184　세계 지도 | 위키피디아 ⓒAllice Hunter

190　엘리자베스 1세 | 위키피디아

　　제임스타운에 도착한 영국인들 | 위키피디아

191　헨리 8세 | 위키피디아

　　제임스 와트 | 위키피디아

　　올리버 크롬웰 | 위키피디아

　　세실 로즈 | 위키피디아

194　비틀스 | 위키피디아

195　마이클 패러데이 | 위키피디아

　　윌리엄 셰익스피어 | 위키피디아

　　찰스 다윈 | 위키피디아

　　스티븐 호킹 | 위키피디아 ⓒNASA

　　아서 코난 도일 | 위키피디아

198　헨리 8세 | 위키피디아

　　청교도 혁명 중의 크롬웰 | 위키피디아

　　제임스 와트의 증기 기관 구조도 | 위키피디아 ⓒDigby Dalton

　　비틀스 | 위키피디아 ⓒAnk Kumar